学習療法
実践の記録

いい介護いい施設を目指して

道海永寿会総所長 山崎律美
公文教育研究会 学習療法センター
◉共著

くもん出版

はじめに

二十一世紀を迎えた今、日本は「超高齢社会」に直面しています。総人口の二八・一％（二〇一八年九月現在）、つまり約四人に一人以上が六十五歳以上の高齢者です。また、認知症と診断された高齢者の数は五百万人を超えていると言われており、近い将来には七百万人以上になるとまで言われています。日本は世界初、人類初の事態に直面していると言っても、決して言いすぎではありません。

その五百万人の認知症患者に、そのご家族や介護施設の方々などを加えれば、既に数千万人が認知症に関わっていることになるでしょう。若い人も家族が認知症を患うかもしれない。年を取れば、今度は自分自身が認知症になるかもしれない。誰もが認知症とは無関係ではいられない世の中になっています。

そのため、テレビや新聞、特に高齢者やその家族を読者とする雑誌などで、認知症や介護の話題は、毎日のように取り上げられていますし、高齢者のコミュニティの中では、医療機関選びや施設選びが日々の話題になっています。

そこからは数多くの一般的な知識や、口コミでの情報を得ることができます。しかし、実は、一口に認知症や介護と言っても、必要とされるケアのあり方は一人ひとり大きく異なっているのです。もっと言えば、同じ方であっても時期や環境によって必要なケアが異なることもあるなど、その方に適した知識や情報を入手するのは意外と難しいものなのです。

施設も同じです。お住まいの地域にどのような施設が立地しているか、その施設を利用できるための交通手段が確保できるか、その施設の受け入れ人数に余裕があるかどうかなどによって、どの施設を利用できるかが変わってきます。そして、介護に携わるご家族の状況も様々です。主たる介護の担い手が誰か、その方がどのくらいの時間を介護などに割《さ》けるかなどにより、施設の利用方法や施設とご家族の連携のあり方も大きく変わってきます。

このような認知症介護や施設を取り巻く様々な状況は、知られているようで実は詳しくは知られていないと感じています。

かくいう私達、公文教育研究会　学習療法センターのメンバー（社員）も、学習療法センターの活動がスタートした当初は、このような認知症や介護を取り巻く様々な状況をほとんど知りませんでした。特別養護老人ホームのことを「特養」と略しますが、それが何のことだかわからなかったり、デイケア・デイサービスという言葉の違いに戸惑ったりもしました。大半のメンバーがもともと公文の教室事業をやっていたので、本当に何がなんだか……。手探り状態で苦労しましたし、施設の方々に一つ一つ教えていただいたことは、今でも感謝の念に堪《た》えません。

介護スタッフはこんな仕事もしているのか、介護の日常はこんな感じなのか、認知症ってそういうものなのか……どれも初めてで、新たな学びの連続でした。各施設で学んだことを挙げたら、きりがありません。このようにして私達は、学習療法システムの導入を通じて、多くのことを体感し、様々な状況を知ることができました。

その中でも、最も体感したのは、高齢者の介護に取り組む施設の方々、ご家族の方々の真摯《しんし》な姿や眼差《まなざ》し、ときには戸惑いでした。高齢者の現在の状況、それまでの生活履歴、興味のあること、ないこと、好き嫌い……本当に千差万別《せんさばんべつ》です。一人ひとり個性が異なる高齢者に向き合い、その方にとっての「いい介護」を追求・実践されようとする姿勢、介護者が一人で取り組むのではなくて、介護士、療法士、栄養士、施設スタッフなど、関わる方がチームを組んで「いい施設」を目指して奮闘されている姿、本当に頭が下がる思いです。

一方で、介護施設の方や福祉系大学の方から、介護の仕事は人気がなくて……というお話もよくお聞きします。「お年寄りのお役に立ちたい」「専門的な資格やスキルを活かし、介護の仕事にチャレンジしたい」、そんな思いで介護施設に就職した職員が結果的に退職してしまったり、せっかく四年間福祉や介護に関する専門的な勉強をして国家資格まで取得したのに、福祉や介護と無関係なところに就職してしまったりして、「頑張ってくれていたのに残念」「せっかくの勉強がもったいない」というお声もお聞きしています。

そのようなお声を聞き、施設での様々なご苦労や取り組みを知れば知るほど、高齢者のケアや介護に携わる方々の現状、仕事のやりがい、そして何より「高齢者の方々にもっとお役に立ち、大きなやりがいを持ってこの仕事に取り組みたい」という想いをまとめ、多くの方に知っていただきたいと思うようになりました。ケアや介護は決して簡単な仕事ではありません。だからこそ、その仕事に真摯に、専門的な資格やスキルをもとに誇りを持って取り組まれている姿や、この仕事の意義や意味に共感いただきたいとも願うようになりました。

繰り返しになりますが、認知症や介護は、誰にでも起こりうる身近なものです。本書が自分の身近なところでこの問題に直面したときに、どのように考え、行動したら良いかを考えるヒントになれば幸いです。折りしも政府は、高齢者が住み慣れた場所(地域)で、安心して過ごせるような施策を進めています。地域(社会)の一員として、高齢者のケアにそれぞれができる範囲で携わる、そんな時代も身近になってきています。高齢者が安心して過ごせる地域(社会)は、おそらく子ども達にとっても、その地域に住む大人にとっても、何かあったときに支え合える、誰にとっても住みやすい地域(社会)の実現にもつながるでしょう。

私達、学習療法センターのメンバーが体感したことや施設での実践活動の記録を通じて、読者の皆様とともに「いい介護いい施設」を考えることができれば、望外の喜びです。

ところで、読者の皆様の中には、「なぜ教育の会社が介護の世界へ?」と疑問に思われた方もいるかもしれません。

ご存知の通り、公文教育研究会は、公文式教室のフランチャイズ展開を主な生業《なりわい》としている会社です。公文の教室では、算数(数学)、国語、英語などを扱っており、公文の先生が生徒一人ひとりの学習状況を把握し、その子のレベルに合った教材を渡して学習してもらいます。教材は細かくレベル分けされ、生徒が自分で学習を進められるように工夫されています。

おかげさまで、公文と言えば、「ああ、公文さんね」とすぐに思い浮かべていただけるほど定着しており、町のあちこちに教室の看板を目にすることができます。日本国内だけではありません。今や五十の国と地域(二〇一八年九月現在)に教室があるほどの広がりを見せ、世界各国で学ばれています。

そんな私達が介護と関わるようになったのは、現在、東北大学加齢医学研究所の所長を務めておられる川島隆太《かわしまりゅうた》教授との出会いがきっかけでした。

川島教授は、日本では有名な脳科学の専門家です。簡単な計算や音読が脳を活性化するという先生のご研究の成果は、いわゆる脳トレブームを巻き起こしました。

公文は、二〇〇一年九月、川島教授を含む専門家達と文部科学省主管の共同研究に参画する機会を得たのです。この共同研究の目的は、「読み書き・計算」が認知症高齢者にどれほどの効果があるのかを研究することでした。

当然、介護施設の協力が不可欠でしたが、社会福祉法人道海永寿会《どうかいえいじゅかい》の永寿園《えいじゅえん》という特別養護老人ホームが引き受けてくださいました。

この施設の山崎律美《やまさきりつみ》園長は、佐賀県の障害児施設にお勤めの頃に公文の教材を導入され、十年間、学習を継続し続ける中で障がい児達の学力が上がり、性格が前向きになっていく様子を目《ま》の当たりにされました。そして、永寿園に移られてからは、高齢者の学習機会を作られ、認知症高齢者が元気を取り戻していく様子をご覧になってきました。まさに永寿園は、この共同研究にピッタリの施設でした。

研究が始まってから半年後、「読み書き・計算」の学習を続けた認知症高齢者と、学習をしなかった認知症高齢者の脳の働きを調べてみたところ、明らかに前者の脳機能に改善が見られました。また、「無表情な方が笑顔を見せるようになった」「おむつをしていた方の便意や尿意が戻ってきた」など、日常生活にも変化が見られました。

この共同研究が終わった後、川島教授達から次のような呼びかけがありました。

「国の共同研究で、つまり国の税金を使って誕生した学習療法を普及させ、世のために貢献してほしい」

公文はこれに応《こた》え、「くもん学習療法センター」という新しい組織を創設したのです（今は「学習療法センター」）。そして、学習療法を伝え、お使いいただくことで一人でも多くの皆様に貢献できるよう活動を続けています。

本書は、そんな私達、学習療法センターと、先ほどご紹介した山崎園長との共著になっています。

中身について簡単にお伝えすると、第一章では山崎園長の生い立ちを学習療法センターがご紹介します。山崎園長の他人に何かをしたいという熱い思いや、妥協を許さないお人柄が本書全体に関わることから、まずは山崎園長のことを読者の皆様にお伝えしようと考えました。

以降は山崎園長がご担当で、第二章は学習療法で劇的に変わったスタッフと高齢者、第三章は人を育てられるスタッフの育成、第四章はスタッフのやる気を高めるステージ作りと施設間のネットワーク、第五章は「脳の健康教室」など、地域に愛される施設を目指す取り組みが、それぞれ主な内容です。

なお、山崎園長はご自身の成果や貢献について自ら表現することを好まれません。今回は本書のために、学習療法センターが思い切ってご経験や功績をゆっくりと聞き出し、それを文章にすることを特別にお願いしたものです。

本書が、「いい介護いい施設」を考える際の一助となれば幸いです。

二〇一八年十一月

公文教育研究会　学習療法センター

（注）本書では、「障がい」という表記を主に用いていますが、固有名詞等の場合は「障害」と表記しています。

学習療法®は川島隆太東北大学教授と株式会社公文教育研究会の、脳の健康教室®は株式会社公文教育研究会の登録商標です。なお、本文中では、Ⓡを省略しています。

いい介護いい施設を目指して

目次

第3章 人を育てられるスタッフが「いいスタッフ」

山崎律美

第4章 施設のトップが大事にすべきは現場、現場、現場　山崎律美

第5章 最終目的は地域に信頼されること

山崎律美

おわりに

組版・図版作成　株式会社スプーン
本文デザイン・装幀　神長文夫／柏田幸子
校正・校閲　有限会社くすのき舎

第1章

異常な世話好き

学習療法センター

「介護の質はスタッフの質で決まる」という現場の声

福岡県大川市《おおかわし》。福岡県と佐賀県の県境にあるこの市は、家具の大生産地として有名です。また、作曲家の古賀政男《こがまさお》さんやその最後の内弟子である大川栄策《おおかわえいさく》さん、そして俳優の陣内孝則《じんないたかのり》さんなどの出身地でもあります。さらには、ドラマにもなった漫画『のだめカンタービレ』（講談社）の主人公、野田恵《のだめぐみ》（のだめ）が同市の生まれという設定でも知られています。

そして、もう一つ。学習療法が誕生した施設、永寿園《えいじゅえん》があります。この永寿園は、学習療法センターのメンバーが最も多くを学び、自分の家族を入れたいと思う施設だと感じてきました。

同園は、一九八一年設立の社会福祉法人道海永寿会《どうかいえいじゅかい》の特別養護老人ホームです。永寿会は永寿園の他、介護老人保健施設やデイケアセンターなど、約二十施設を有しています。

正直、同園は不便なところにあります。佐賀空港から車で約二十分で、周りは田園風景の広がるのんびりした地域です。建物自体も決して巨大ではありません。最新設備が整った施設でもなければ、都会にあるようなおしゃれな施設でもありません。どちらかと言うと古い建物です（聞くところによると、近々、建物を新築されるご予定だそうです）。

この施設の介護現場の指揮を執《と》り、「いい介護いい施設」を目指して、数々の取り組みに挑戦してこられたのが山崎律美《やまさきりつみ》園長です。

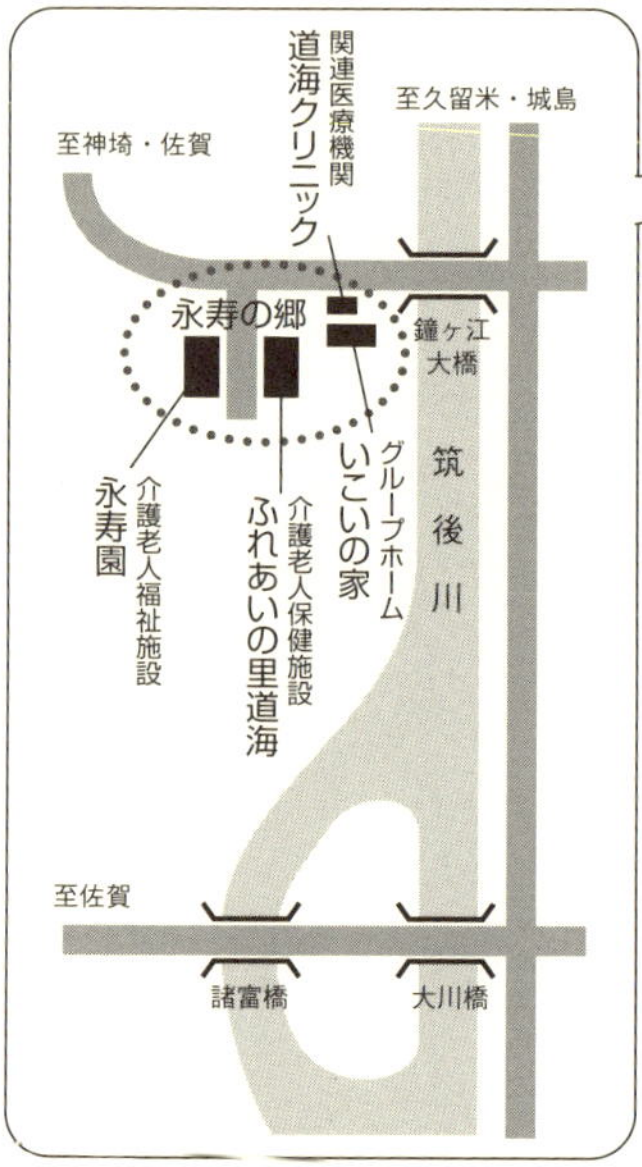

永寿園の位置(左)と建物の外観(下)。永寿園の近くでは筑後川が流れ、畑もあちこちに見られる

山崎園長は、一見すると、ゆったりと穏やかな女性で、大変に謙虚で思慮深く、発言一つ一つに重みがあります。私達も、山崎園長から多くのことを学び、たくさんの疑問や質問にもお答えいただきました。しかし、後になって振り返ると、山崎園長の言葉の奥深さに気づかされ、改めて学び直し、考えさせられるようなことが何度もありました。

また、内に秘めた問題意識や課題解決へのこだわりはとてつもなく強く、仕事の質に対しての妥協は一切許しません。おかしいと思ったことや納得いかないことに対しては徹底的に考え、解決にあたられます。その徹底ぶりや厳しさから、長年連れ添った職員達ほど、山崎園長のことを厳しい人だと表現します。

山崎園長に関しては、こんなエピソードがあります。

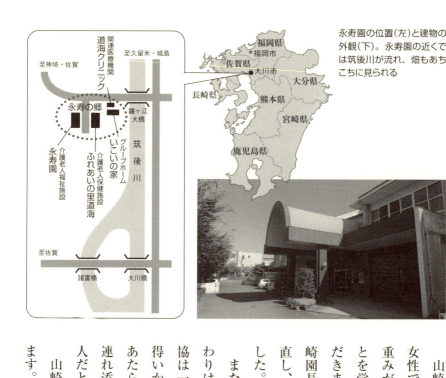

社会福祉法人・道海永寿会の法人組織図

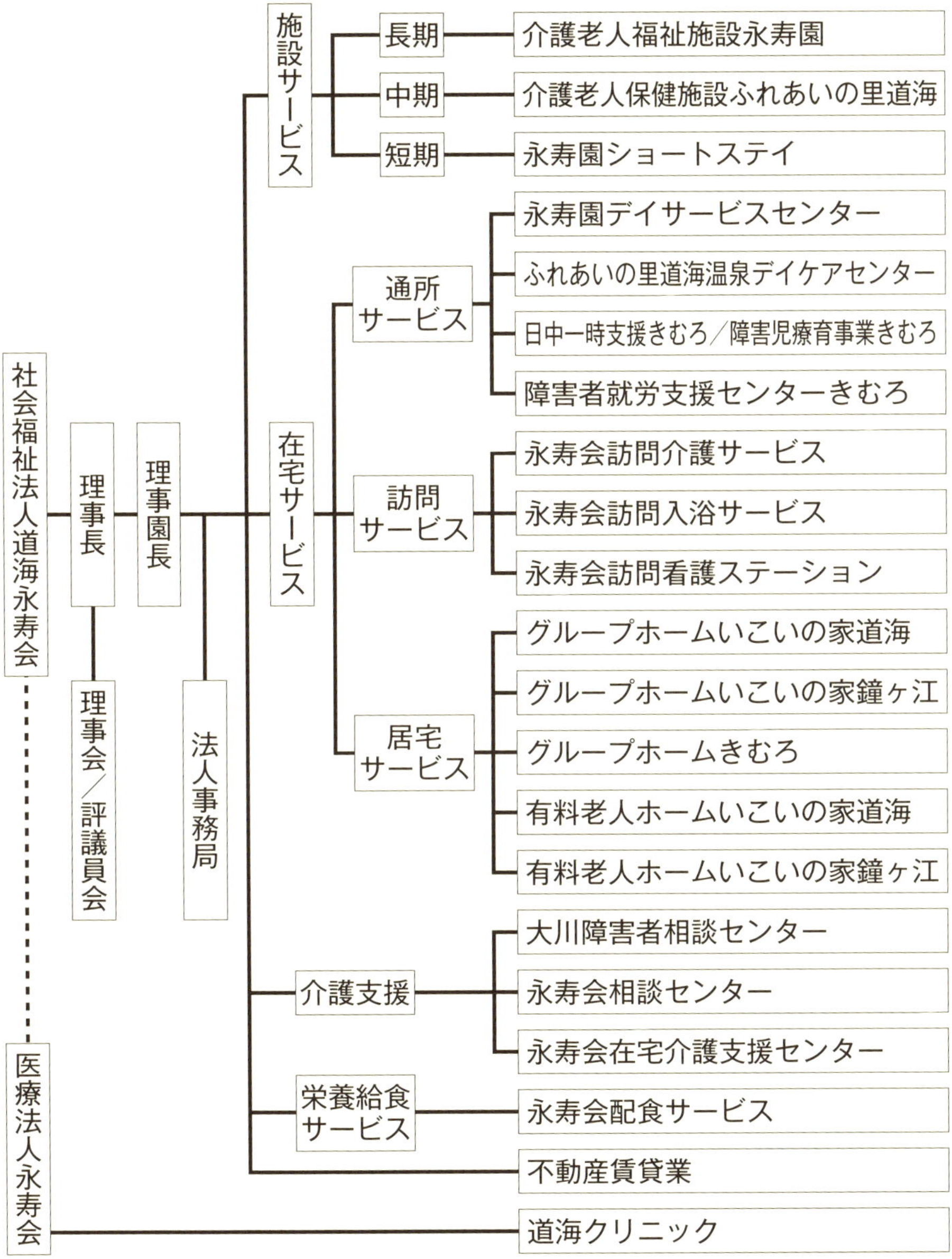

（道海永寿会ウェブサイトより作成）

大阪で行われた学習療法シンポジウムで登壇したときの山崎園長

永寿園で「介護の質とは？」というテーマでの研修を実施していた際、スタッフ達の間で、

「介護の質を高めるためには、どんな方法がいいのだろうか」

ということが話題になったそうです。

山崎園長は決してすぐには答えを言いません。このときもスタッフ達に質問をしたそうです。

「あなた達は介護の質は何だと思いますか」

スタッフ達がきょとんとして考えていると、山崎園長がニコニコしながら突然一言、

「あんた達たい！」

山崎園長は口癖のように言います。

「施設の質は、介護の質。介護の質はスタッフで決まる！」

山崎園長はスタッフ達とのこうした問答を通じて、三十年近くも「いい介護いい施設」を目指して活動してきたのです。

小学生のとき親や教師に抗議

山崎園長は、一九四八年、福岡県大川市に生を享《う》けました。父親は同市の市議会議員を三期、福岡県議会議員を二期務めて、後に社会福祉法人道海永寿会を設立した方です。そんな父親のもとには、困りごとを抱えた人々が毎日のように相談に訪れていました。世話好きの父親で、山崎園長は、「人のためになる仕事をしなさい」という教えを受けながら育てられました。

山崎園長が父親の言葉を実践したのは、小学校六年生のときでした。

当時、山崎園長の地域では、学校区ごとに子どもだけで活動する「子ども会」がありました。山崎園長が六年生になって子ども会のリーダーに選ばれたとき、同級生や下級生、そして自分自身の日頃の悩みを集めて、先生や大人達に伝えたいと思ったそうです。山崎園長がご自宅の自分の部屋に彼らを集めて話を聞いてみると、

「『子どもは黙っとけ！』と言われる」

「『ダメ』と言われても納得いかない」

という、大人達の理不尽な厳しさに対する不満の声が飛び出してきました。これを聞いた山崎園長は、口で直接言うと怒られるので、文章にして訴えようと考えたそうです。

このとき園長が考えついたのは、単に手紙を書いて渡す、などという小さな抗議の仕方ではありませ

中学の大運動会で行われた部活動紹介の様子。先頭で旗を持っているのが、排球（バレーボール）部員だった山崎園長

んでした。ガリ版で子ども新聞のようなものを作って、親や学校の先生に配布したのです。このとき相談に乗ってくれたのが、公民館のおじさんでした。山崎園長がガリ版の作り方を聞きに行くと、やさしく応援してくれたのです。渡すときには緊張で大人達の反応を見る余裕はありませんでした。その後も感想は怖くて聞けなかったそうですが、おそらく読んでくれたと言います。

　山崎園長はこの経験で「こうして他人に何かを伝えて改善していくような仕事が自分には合っているのではないか」と思ったそうです。

　中学に入学すると、山崎園長はバレーボール部に入部し、レギュラーでキャプテンを務めたそうです。そして、それがきっかけで、体育大学への進学を真剣に考えるようになりました。理由は、世の中のお母さん達にバレーボールを広めたいと思ったからでした。

　なぜかと言うと、ご自身の母親も含めて、お母さん達が、よその家の陰口を叩き、噂話《うわさばなし》をしているのが子どもながら嫌で嫌で仕方なかったのです。でも、ママさんバレーをしているときには、もうケロっと忘れてしまっている。だから、みんなに仲良くしてもらいたいと、バレーボールを地域に広げる仕事に就きたいと思ったそうです。いつの間にか「人のためになる仕事をしなさい」という父親の教えが、山崎園長の中にしっかりと根付いていたのかもしれません。

介護に興味を持ったきっかけはテレビドラマ

福祉と山崎園長が結びつくのは、高校生の頃でした。一九六六～六七年に放映されていた「記念樹」というドラマを見たのがきっかけです。このドラマは、横浜の養護施設あかつき子供園の元園児と、結婚を機に施設を去った先生とが十五年ぶりに再会してからの人間模様を描いた愛に溢《あふ》れる物語で、馬渕晴子《まぶちはるこ》さんや渥《あつ》美清《みきよし》さん、田村正和《たむらまさかず》さんらが出演していました。

中学生の山崎園長（後列一番左）

山崎園長は、このドラマを見て感銘を受けると、福岡県内の養護施設へすぐに見学にでかけました。そこが普通の高校生と違うところだったのかもしれません。

実際の養護施設の現場を見た山崎園長は、自分が置かれている境遇がいかに恵まれ、いかに自分が贅沢《ぜいたく》かということに気づかされたそうです。そして、今まで自分の生活に不満を言っていたことを反省しました。

これ以来、「自分が誰かに関わることで、その人がいい方向に行ってくれたらいい。それが私の役目なのではないか」と思い始めました。ここでも「人のためになる仕事をしなさい」という父親の言葉が重なります。そして、しばらくして参加した弁論大会で、力強くこう宣言したそうです。

「福祉の仕事がしたい！」

父親に進路希望を伝えたところ、言葉少なにこう言いました。

「お前は俺に似て世話好きじゃけん、福祉は似おうとろう。十年先には福祉の時代が来る。行っとけ」

一方で、母親は山崎園長に教育大学に行って教員になり、公務員か教員の婿養子をもらって家を継ぐことを切望していたため、福祉の道に進むことや山崎園長が志望していた千葉県にある福祉関係の大学に進学することに反対でした。

しかし山崎園長の福祉への思いは強く、高校卒業後、千葉県にある淑徳《しゅくとく》大学社会福祉学部へ進学しました。高校生の頃は社会福祉のことを知らなかった山崎園長でしたが、『螢雪時代《けいせつじだい》』(旺文社)という受験雑誌を読んで社会福祉や社会教育という言葉を知り、興味を持ったそうです。

大学では、寮生活を始め、吟道《ぎんどう》部に入部しました。ある日、寮の中で洗濯をしながら何気なく鼻歌を歌っていたときに、先輩から「声がいいね」とスカウトされたそうです。

その吟道部の部活では、山崎園長は大学二年のときには吟道部副部長、三、四年時は部長を務めました。男性部員に部長の器がなく、山崎園長に回ってきたそうです。また、大学三年時には「日本大学全国学生競吟大会」で四位に入りました。このとき女子で入賞したのが山崎園長一人だったせいか、男子の先輩から「お前は先輩を差し置いて、礼儀を知らん奴や」と怒られ、「すみません」と謝ったという経験もしたそうです。翌年、四年生のときには同大会で三位に入っています。

さらに卒業時には奥伝《おくでん》（注1）の、卒業一年後には準師範の、そして、卒業二年後には師範の免許を取りました。また、山崎園長の詩吟《しぎん》での号（注2）は「心探《しんそう》」と言うのだそうです。

大学生の山崎園長。詩吟の発表大会にて

その一方で、仲間と部室に集まっては、「そんなんじゃダメだ！」「こうあるべきじゃないか」と、遅くまで福祉論のあり方について熱い議論を交《か》わして過ごしました。「おかしい！」と思ったら、妥協せず、納得いくまで取り組む姿はここでも見られたのです。

福祉への一貫した熱い思いから、山崎園長は在学中、一緒に畦道《あぜみち》を歩いていた父親にこう進言しました。

「これからは百姓《ひゃくしょう》じゃ食うていかれんとやなかか。田んぼを売って福祉施設をやったらどうか」

父親は無言でした。

この頃の父親は、全国を回って布団《ふとん》の行商の仕事をしていました。

フィリピン・マニラでの山崎園長。船酔いで、お疲れ気味?

山崎園長の両親(右の2人)。「青年の船」の団員に選ばれて船出する園長を見送りに来た

山崎園長は一度、大学生の最後の夏休みに、札幌《さっぽろ》で働いている父親に会いに行ったそうです。上野から急行列車で青森まで行き、青函連絡船《せいかんれんらくせん》で函館《はこだて》に渡って、函館からまた列車に乗り換えて札幌まで行き、父が泊まっていた宿に着きました。その宿は、裸電球一つの木賃宿《きちんやど》でした。汚くて暗かったそうです。夕方になって父親が商《あきな》いから戻ってくると、その小さな部屋で布団の綿を詰める作業を一人、黙々としていました。山崎園長は自分への仕送りが、こうした苦労から出ていたことを初めて知りショックを受け、お金を無駄遣いしないよう誓ったのでした。

それから十年の時が流れ、山崎園長のもとに一本の電話が掛かってきました。父親からでした。用件は一言、

「福祉施設を作るよ」

父親はそれだけ言うと切ってしまったそうです。

娘の提案をすぐには実行しなかった父親でしたが、進言を受けて十年後に、本当に田んぼを売って社会福祉施設を建ててしまったのです。もともと世話好きの父親。だからこそ、福祉施設を建てたのかもしれません。

しかし、私達、学習療法センターは、「山崎園長が跡を継いでくれる」という思いがあったからこそ施設を建てたのかもしれないと、山崎園長のお話を聞いていると思ってしまいます。

障がい者のできることを活かした人形劇を機に、施設が前向きに

山崎園長は大学を卒業すると、福祉の仕事をするため、厚生省(現在の厚生労働省)に入職し、その後、佐賀県内の身体障害者療護施設に勤務しました。ここでも山崎園長は人の役に立ちたい一心で、挑戦し続けました。

しかし当時は一般的に、「障がい者は障がい者らしく、大人しく、そのまま暮らせるように介護すればいい」という考えが根強い時代。山崎園長の中で次第に施設の運営方針への問題意識が募っていったそうです。

「障がい者は、食べて、出して、風呂に入れて、それだけでいいのか？　障がい者の日々の暮らしには目標や進歩がないのではないか！」

もっと障がい者一人ひとりが生き生きとできる場が作れないか。そう考えを巡らせていたら、あるとき、山崎園長はこんなことを思ったそうです――施設の中の人達ができることをそれぞれ持ち寄ったら、みんなで何かできるんじゃないか。そうだ、人形劇なんかどうだろう。

大学時代に人形劇サークルがあったことを思い出した山崎園長は、障がい者と人形劇をやってみるこ

とにしました。

障がいがあっても手がよく動く人には人形の操作を、声が出て喋《しゃべ》ることができる人にはセリフでの参加をお願いしました。どちらもできない人には背景の絵を塗ってもらうなど、準備の段階で参加してもらいました。

これがスタッフにとって、障がい者が生き生きする場を作る自信につながりました。そしてこれを機に、何事においても施設全体で工夫して諦めずにチャレンジするように変わっていきました。

こっそり施設で公文式を導入

その後、山崎園長は国家公務員から地方公務員へと転向し、佐賀県が新しく作る障害者施設の立ち上げに加わった後、ケースワーカーを経て障害児施設である春日園《かすがえん》に勤めることになりました。やはりここでも「重度の障がい者は、そのままで構わない」という空気が蔓延《まんえん》していました。山崎園長が何か提案しても、「県立だから、県のルールで決まっている」と軽くあしらわれてしまうのです。

例えば、障がい児に出していた宿題。当時の春日園には、知的障がい児や学習遅滞の子のためのクラスがありました。ここで出される宿題は、障がい児が自分の力で解けるレベルのものではありませんでした。そのため、職員が代わりに解いていたのです。

これでは意味がないと感じた山崎園長は、上司に自力でできる宿題を出すように提案しました。しかし、全く相手にされませんでした。

山崎園長は諦めませんでした。何かいい方法はないかと考えていたら、ふと公文式のことが頭に浮かびました。

実は、山崎園長は、二人の実子を公文の教室に通わせていました。山崎園長は、公文の教材が生徒一人ひとりの学力に合うよう細かく難易度分けされ、自習できるように作られているのを見て、「一体、誰がこんな教材を作ったのだろう」と驚いたと言います。そして、上の子が幼稚園の年中で割り算をしていたことを思い出して、「公文には年齢は関係ない。障がい児でもできるところからやればいい。知的障がい児は、公文の乳幼児用の教材からやればいいんだ」と思ったそうです。

春日園時代の山崎園長。園児とともにカレーライスをほおばる

当初は山崎園長の息子の公文の教材を大学ノートに写し、同僚達と五人分を手書きで作成して使っていました。

障がい児がどうなるか実験的にこっそり配っていましたが、どんどん障がい児がやる気になってしまったので、効果をまとめるために、施設全体で一か月間続けて実施することにしました。

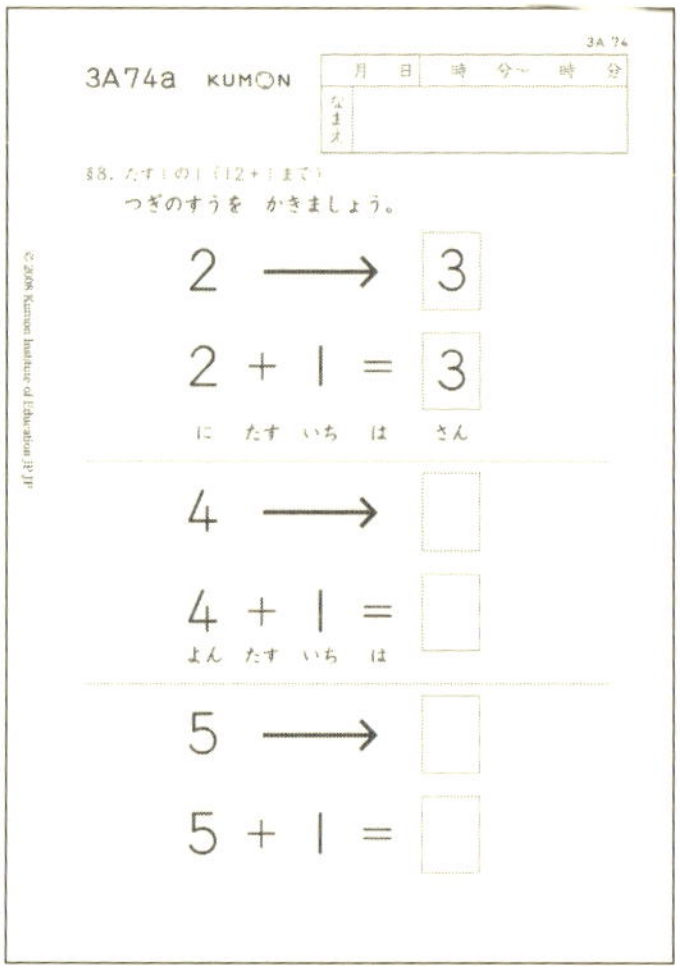

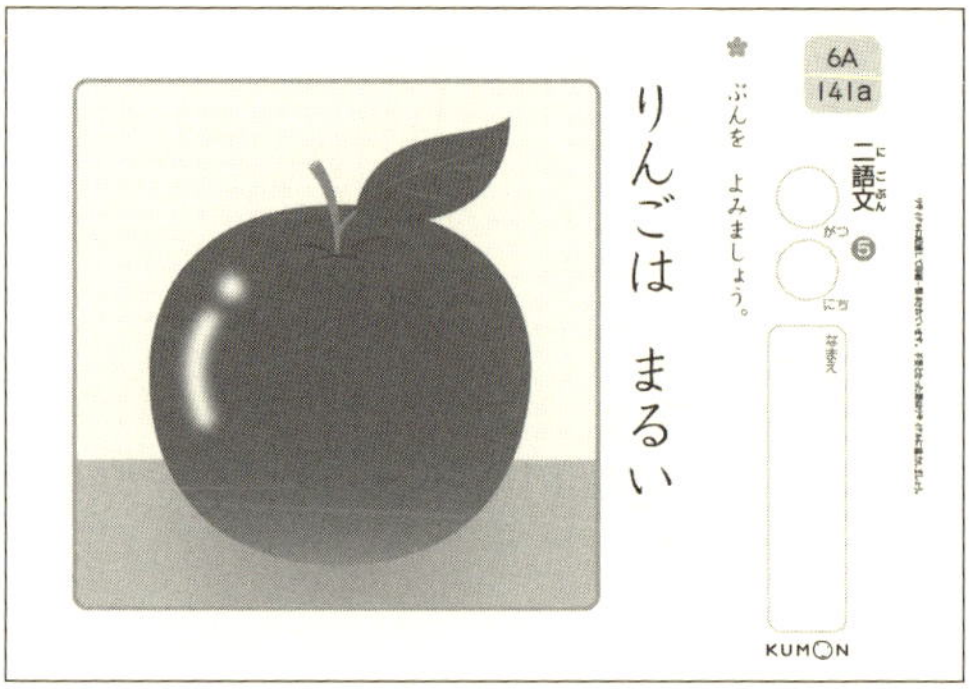

公文の乳幼児向け教材の例(2018年10月現在)。公文の教材は改訂を繰り返しているため、山崎園長が当時使用していたものとは異なる

そして、その結果をもとに、公文を今後どうするかについて会議で提案したところ、障がい児達が教材学習にやる気を出しているのが明らかでしたから、春日園でも公文の教材を実施する方向になりました。それで、

「山崎さん、公文に教材を買えるか聞いておいで」

と言われたので、山崎園長は公文の事務局で交渉し、春日園で公文学習を開始することになったのです。

最初は障がいを持った子ども達、十数人での学習から始め、その中でもIQ三〇以下の子ども達には、公文の乳幼児用教材を使って学習をしてもらうことにしました。

ここから春日園は変わり始めます。

学習のある日、夕方六時くらいになると、子ども達は我先にと走って学習室に飛び込んできて席に着いていきます。きっと施設の宿舎から走ってきたのでしょう。汗をたくさんかきながらも、本当に嬉《うれ》しそうに、楽しそうに、夢中で学習に取り組んでいたそうです。生まれて初めて、「自分にもできる!」という感覚を持った子ども達には、勉強嫌いという感覚もなかったんだと思います。また中には、今まで叱《しか》られることが多かったせいか、職員に褒《ほ》められることで元気になり、食欲も出て、食事量が増え、体格そのものが大きくなった子もいました。

スタッフ達は、だいたい小学校二年レベルくらいの学習が限度かと予想していましたが、結果、なんと四年生、五年生レベルと、どんどん上がっていったので、みんなもう本当にびっくりしました。子ども達は、まるで天井を突き破る勢いで、楽しんで楽しんで、どんどん先に進んでいきました。

「こんなにも重度の障がいを持った子どもでも、学習できるんだ」

スタッフ達の予想をはるかに超えた変化、成長でした。

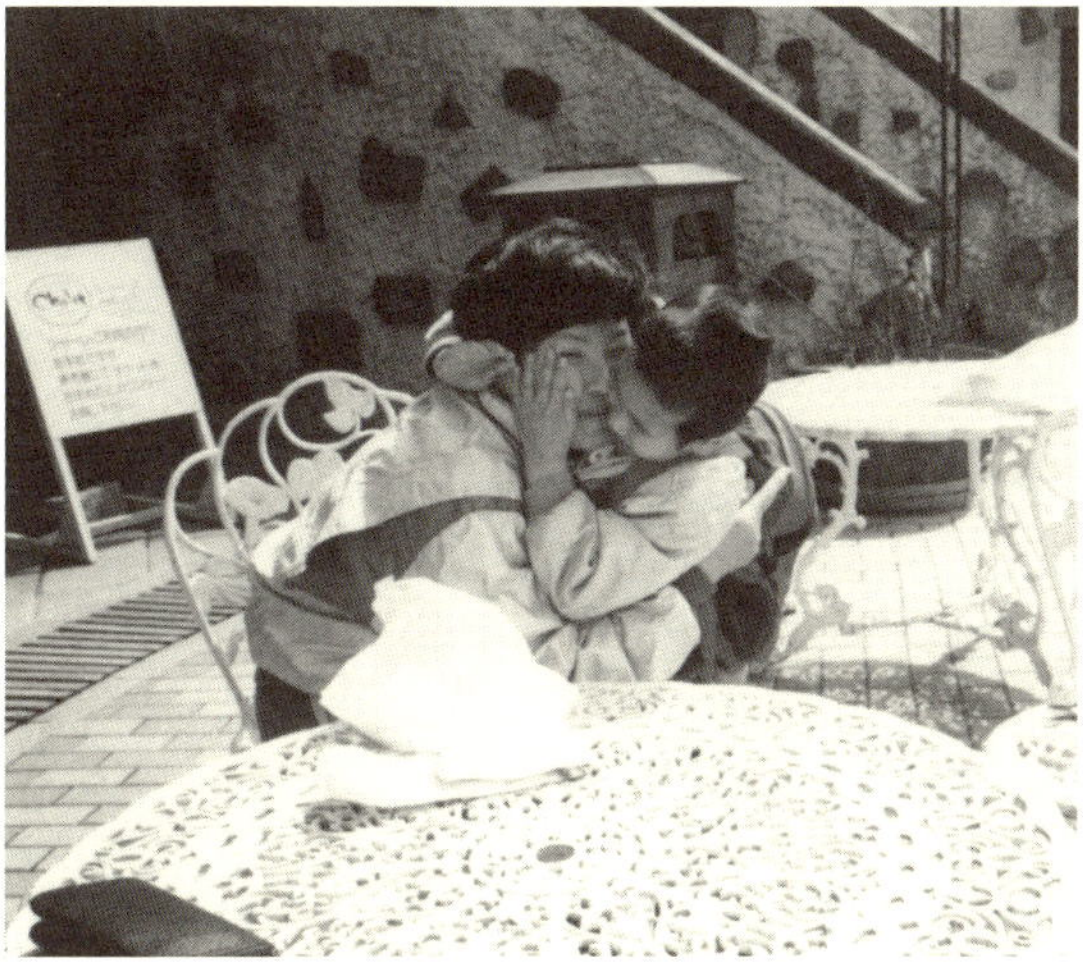

外で園児とじゃれる山崎園長

公務員を辞め、父親が建てた施設へ

変化していく障がい児の姿は、スタッフの大きな喜びでもありました。スタッフが前向きになり、「このままでいいのか」「もっとあの子達のためにできるんじゃないか」といった話し合いも増えていったのです。

これでようやく、前向きに障がい者の可能性を広げていけると思っていた矢先、山崎園長を病魔が襲います。リウマチ(注3)を発症したのです。手足が痛くて眠れない日々が続き、自分の子どものお弁当を作るときにもフライパンが持てないほどでした。

「このままでは周りに迷惑をかけてしまう」

葛藤《かっとう》の末、ついに山崎園長は約二十年の公務員生活に終止符を打つ決心を固めました。そして、父親が建てた永寿園に移ることにしたのです。

山崎園長は当時を振り返って、こう語りました。

「私は、この春日園までで、福祉六法(注4)のうち、五法までを仕事で全て経験していました。経験していないのは老人福祉法だけでした。永寿園に移ることになり、結果、六つ全てを経験することになりました。これも何かの運命のような気がします」

しかし、これが世の中や介護の世界に大きな影響を与える大きな動きになろうとは、誰も予想だにしていませんでした。

(注1)師匠から奥義を伝授されること。

(注2)画家、文人、学者などが、本名とは別に使用する名のこと。

(注3)骨、筋肉、関節などに痛みをもたらす病気の総称。

(注4)生活保護法、児童福祉法、母子及び父子並びに寡婦福祉法、身体障害者福祉法、知的障害者福祉法、老人福祉法のこと。

COLUMN

学習療法とは

学習療法センター

学習療法とは、音読や簡単な計算を、コミュニケーションを取りながら行うことで脳を活性化し、認知機能やコミュニケーション、身辺自立など、脳の司令塔としての前頭前野《ぜんとうぜんや》の働きを維持、改善すること、そして生活の質が向上していくことを目指した非薬物療法です。

学習療法は全国の特別養護老人ホームや老人保健施設、グループホームやデイサービス、有料老人ホーム等で実施されています。学習者は認知症の高齢者ですが、アルツハイマー型認知症の方、脳血管性認知症の方など、その要因は様々です。

学習療法を行うのは「学習療法実践士」という、学習療法センターが独自に定めた資格を持った施設のスタッフです。学習のお手伝いだけをすればいいのではなく、認知症になられた高齢者の皆様から言葉や笑顔を引き出し、学習を通じて学習者の変化に気づくスキルを身につけて学習療法を行います。通常、一人のスタッフが二人の学習者とコミュニケーションを取りながら実施。一回二十分程度で、効果を高めるために週五回(少なくとも週三回以上)を基本とし、認知症高齢者が学習療法実践士と一緒に楽しく学習を続けています。

ところで、認知症とは、いろいろな病気が原因で脳の細胞が壊れ、前頭前野の機能が低下し、生活する上で支障をきたしている状態を言います。病気ではなく「症状」なのです。

川島隆太《かわしまりゅうた》教授は、「前頭前野を鍛えることで認知症の症状を改善できる」という仮説を立て、どのようなときに前頭前野が活性化するのかを調べました。その結果、難しくて複雑なことに取り組むよりも、簡単な計算をテンポよく行ったり、文章を音読しているときに脳が活性化すること、また、楽しくコミュニケーションをしたり、褒《ほ》められ、認められたときにも、同じように脳が活性化することを解明しました。

この理論を応用した学習療法は、脳の健康を維持、改善するための「頭の体操」として高齢者の方々が楽しく学習し、効果が出るように工夫されています。言い換えれば、「できる!」という自信と意欲と誇りを引き出すことを大切にして、高齢者の自立支援につなげようというところが学習療法の特長です。「学習」という名称が付いていますが、子ども達の「学力を付けるための勉強」やいわゆる「脳トレ」とは全く考え方が異なるのです。

近年では、学習療法はアメリカの高齢者施設にも導入され、その成果は国境や言語・文化の壁を越えて広がっていこうとしています。

第2章

学習療法で見えた「いい介護」

山崎律美

車椅子でずっと寝っぱなしでは、寝たきりと同じ

私は二十年間続けた公務員を辞め、永寿園《えいじゅえん》に移ってきました。入職して間もなく、当時の永寿園の指導課長からこんなことを聞きました。

「永寿園では寝たきりは作っていません」

公務員を辞め、永寿園で働き始めた頃の山崎園長

私はすぐに「おかしい」と思いました。確かに施設内を見渡せば、認知症高齢者の方の多くが車椅子に座らされていました。それで、何をしているのかと言うと……うつぶせで眠っている！　これでは寝たきりと変わりません。このままでは、認知症がひどくなるのは明らかでした。

何か脳に刺激を与えなければ、と考えを巡らせていたとき、春日園《かすがえん》で導入した公文式のことを思い出したのです。春日園では、どんなに学力の低い障がい児でも、夢中で学習に取り組んでいました。永寿園のお年寄りも脳に刺激を与えれば眠っている脳が目を覚ます

のではないかと思いました。幸い、永寿園には「文字を覚えたい」と切望しているお年寄りや「呆《ぼ》けたくない」と文字を書いているお年寄りがいましたから、きっとうまくいくと確信していました。

春日園での経験もあり、この頃は公文にも施設導入の仕組みができたと聞いていたので、早速、公文の事務局を訪ねてみたところ、五〜六人のお年寄りの学習のために公文学習を導入できることになりました。

学習で認知症高齢者がまるで別人に

公文の教材学習を開始し、しばらく続けていると、何人かのお年寄りの表情や様子に変化が出始めました。中にはまるで別人みたいになった方もいました。

私にとって印象的だった事例は、かなり重度の認知症高齢者が計算を始めた事例です。この方はコミュニケーションが取れないし、身の回りのことも全然できない。日常生活でできることと言えば、手づかみでご飯を食べることぐらいでした。

その方が、テーブルにスタッフが置き忘れた計算の教材を自ら解き始めたのです。私はこの方がそんなことをできるとは思っていなかったので、本当に驚きました。と同時に疑問が浮かんできました――なぜ、この方は急に自分から計算を始めたのだろうか。

自分で言うのも恥ずかしいのですが、一度、「なぜ?」と疑問に思うと、知りたくて、調べて納得したくて我慢ができない性格《たち》なんです。

このときも、この方が永寿園に入られるまでの経歴が書かれた書類を事務所のケースファイルから引っ張り出して、全て見直しました。そうしたら、「何十年も八百屋《やおや》の行商をしていた」と書かれていました。この方は長年の商《あきな》いの経験から、計算に興味を持ったようでした。答えはすぐに見つかりました。

でもすぐに、次の疑問が湧いてきました——一体、どこまでできるんだろう？

疑問を持ったら、またいつもの癖が……。この方がどこまで難しい計算ができるのか、トコトン観察することにしました。

じーっと見ていたら、一桁《けた》の足し算や引き算はできていました。ところが、二桁引く一桁の引き算になって急に鉛筆がピタッと止まったのです。

このとき、思い切ってその方に見えるように「円」と書いて、それから耳元で「○○円から△円引くと、お釣りはいくらになるんでしょうか」と囁《ささや》いてみました。すると、しばらくしてまた鉛筆が動き出したのです。この方は行商だった頃を思い出されて、頭の中で釣り銭の計算をしていたのです。

「何もできないと思っていた重度の認知症の方でも、こんなにできることがあるんだ。認知症とはこういうものなのか」

この大きな発見をした私は、背中がゾクゾクしました。

公文式の創設者、公文公。1995年没

突然の公文からの呼び出し

当時、公文の乳幼児用教材を認知症高齢者に使っていたのは、おそらく永寿園だけだったと思います。ただ、乳幼児用の教材はお年寄りに合わない部分がところどころありました。

例えば、文字の大きさ。お年寄りのほとんどが視力の弱い方ばかり。もっと文字の大きい教材が必要でした。あとは、読み書きの教材の内容を、もっとお年寄りが楽しめるものにして欲しいと思いました。

公文の事務局にも、こうした提案や気づきを伝えに行ったことがありますが、全然聞いてもらえませんでした。当たり前ですね。乳幼児用の教材をいきなりお年寄り向けにしてくれと言われても、無理な話。まして全国共通で使っている教材ですから、部分的にとは言え、変えることなどできるわけありません。事務局の当時の責任者の方は「難しいことを言ってくるおばさんだな……」と、困惑していたに違いありません。

仕方ないなと思いながら学習を続けていたところ、二〇〇〇年頃だったと思いますが、ある日突然、公文の本社にある公文《くもん》公《とおる》教育研究所という組織から呼び出されたのです。この研究所は、公文式の創設者である公文会長の思想や歩み、功績を研究する組織だそうです。

公文会長と言えば、私が春日園に勤めていた頃、障がいを持った子ども達の学習を見学しに来られたことがありました。会長は熱心に学習の様子を観察されていました。

私は当時、公文の組織のことはよくわかりませんでしたので、何のために私が公文公教育研究所に呼ばれたのか見当が付きませんでした。

国の共同研究への参加で、スタッフが前向きに変わることを期待

何事かと思って呼び出されたホテルの会議室に行ってみると、そこには川島隆太《かわしまりゅうた》教授もいらっしゃいました。川島教授はお若いのに堂々とされていて、お話は端的でわかりやすい。「医学博士で脳科学研究者はすごいな」と感心した記憶があります。そして、「高齢者に対する認知機能に関する研究をしたい」という話も聞かされました。

一方の私は、これまでに何人ものお年寄りが学習で大きく変化した事例や体験をお話ししました。お話が終わり帰る途中、なぜ私が呼ばれたのかずっと疑問でしたが、数日後、「研究に参加してくれないか」と公文から連絡がありました。私は迷うことなく、

「やります！」

と即答しました。私がすぐに共同研究への参加表明をしたのは、学習によってお年寄りが元気になる

事例を数多く見てきたということもありますが、実はスタッフのことにも関係していました。

当時、施設のスタッフの中には、正直、なぜ公文の学習をしているのかわからず、「やらされ感」を持っていた人もいたように思います。

しかし、もし研究者の方達が国の共同研究でその効果を理論的に証明してくれたら、それまで公文の教材学習に対して、やらされ感のようなものを感じていたであろう永寿園のスタッフも、きっと自発的にやってくれるようになるのではないか、と期待したのです。

川島隆太教授、介護施設のスタッフから冷たい空気を感じる

二〇〇一年には、公文の福岡事務局で川島教授とも改めてお会いしました。

研究の最初の打ち合わせでは、川島教授が「どうすれば脳を鍛えられるのか」「どんな刺激を脳に与えれば、脳機能を改善できるのか」といったことを解明するために、研究をされているというお話を伺いました。聞いていると、「脳に刺激を与えれば、脳が目覚めるのではないか」と私が当時、永寿園で話していた言葉遣いまで同じだったので驚きました。

私達は介護の人間なので、川島教授とは畑が違いますが、私達も試行錯誤《しこうさくご》しながら認知症高齢者の脳を刺激しようとしてきました。川島教授と出会って、私達の取り組みが間違っていなかったと自信を持てましたし、嬉《うれ》しくもなりました。

川島教授とはその後、何回も打ち合わせを重ねました。研究への参加にあたり、川島教授には永寿園で講演もしていただきました。川島教授は初めて永寿園を訪れたときのことを、次のように振り返っておられます。

「最初、永寿園にお邪魔して、共同研究の説明をスタッフの皆さんにしたとき、疎外感《そがいかん》と言うか、急に研究者がどかどか入ってきて……という冷たい空気がありました」

スタッフは、決して川島教授のことを嫌っていたわけではありません。みんな田舎生まれで、永寿園でずっと働いてきた人が多かったので、都会から来た偉い大学の先生にどう接していいかわからなかったのです。

でもやはり、そのベースには、やらされ感があったと思います。

COLUMN

川島教授、山崎園長との出会いを振り返る

学習療法センター

仙台にある東北大学加齢医学研究所の川島教授のもとをお訪ねし、当時のお話を伺いました。川島教授は、山崎園長との出会いを思い浮かべられ、こう語っておられました。

「当時、初めて九州福岡で山崎園長にお会いしました。学習療法の研究計画についてのお話をしてすぐに、山崎園長の介護への強い思いと実践現場で培《つちか》われた感覚の鋭さを感じました。我々大学の研究者はまず理論から考えて研究を提案しますが、山崎園長はそれを介護現場の実際に当てはめて、より良い方法をすぐに導き出してくれました。今でも、とても感謝しています」

そして、山崎園長の人となりについて、次のように述べられました。

「頑固なくらいにこだわりが強い方ですね。そして、決して諦めないところに敬意を感じます。『なんとかならないか』と粘り強く考えられ、工夫を探されます。

もしも学習療法の誕生の地が永寿園という施設でなかったら、そして、山崎園長のような人のもとで共同研究が始まっていなかったら、学習療法は今のような『認知症の進行抑止や改善、予防への効果』や全国への広がりも実現していなかったと思います」

川島教授の言われる通り、学習療法は、強い「想い」を持たれた山崎園長のもと永寿園で誕生し、現在は全国約一千四百の介護施設で導入され、実践されています。そして第一号施設である永寿園では、学習療法が誕生してから十五年以上、日々高度なものへと育《はぐ》まれ、工夫されてきました。山崎園長にとっても、「『いい介護いい施設』を実現するためのツール」として捉《とら》えられ、実現への取り組みの中で高度化されてきました。

川島隆太教授

学習療法の誕生と進化の歩みは、日本を代表する脳科学者の理論と「いい介護いい施設」を追求する現場のトップの思いとが、日本社会の時代の変化に合わせ、宿命とも言えるような運命の糸によって出会い、なるべくしてなった、あるべくして存在したのだと私達、学習療法センターは強く感じています。

共同研究に協力するスタッフの戸惑い

残念ながら、永寿園の全スタッフが学習療法を前向きにやろうという雰囲気に、すぐにはなりませんでした。

「自分達が大学の研究に参加する？　どうすりゃいいの……」

そんな声が聞こえてきました。スタッフ達にとっては想像もつかないようなことであり、また、忙しい介護の仕事の中で、どのように実施していけばいいのか、わからないような状態でした。

気持ちはわかります。

学習療法では、介護スタッフ一人が、一人か二人のお年寄りと二十分間向き合って学習し、コミュニケーションを取りますが、これだけで音《ね》を上げる施設やスタッフが多いと思います。通常、介護の現場は忙しすぎて、お年寄りお一人おひとりと二十分も話す時間なんてなかなか取れないものです。

私より永寿園に長く勤めている人は、先の見えないことに自分がどう向き合っていけばいいのかわからず、不安になったようでした。それも当然のことだと思いました。

でも、研究に抵抗感を持っていたスタッフはスタッフで、その人なりに永寿園のことを真剣に考えてくれていました。ですから、話をよく聞いた上で、「何のために学習療法をやるのか」を粘り強く説《と》き、どうやったら学習療法ができるかを考えて欲しいと、こちらからお願いをしてみたりもしました。

私はこれまでの公務員生活や永寿園での仕事を通じて、「出る杭《くい》は打たれる」という経験を何度も何度もしてきましたから、新しいことを始めるときに何らかの摩擦が起こることや、代わりに何かを捨てなければならないということは当たり前だという思いでした。

「頬かむり」のおかげで、研究がスタート

共同研究が始まった頃の山崎園長

そうこうしているうちに、東北大学から「光トポグラフィー」という装置が送られてきました。これは脳の血流を測り、それを画像で映す機材で、「解剖せずに脳の中が見られるから」と川島教授がリクエストしたものです。これが大きいのなんの……大きすぎて、どこに置いたらいいのかと思うほどでした。すると今度は、日立製作所からコンパクトにした光トポグラフィーも運ばれてきました。スタッフも初めてのことで、かなり戸惑ったと思います。

続いて、川島教授ら研究者、東北大学の研究助手、日立の技術者らが永寿園に集まってきました。しかし、これでようやく研究がスタート、とはなりませんでした。

脳の血流を測るためには、心電図のように、頭にたく

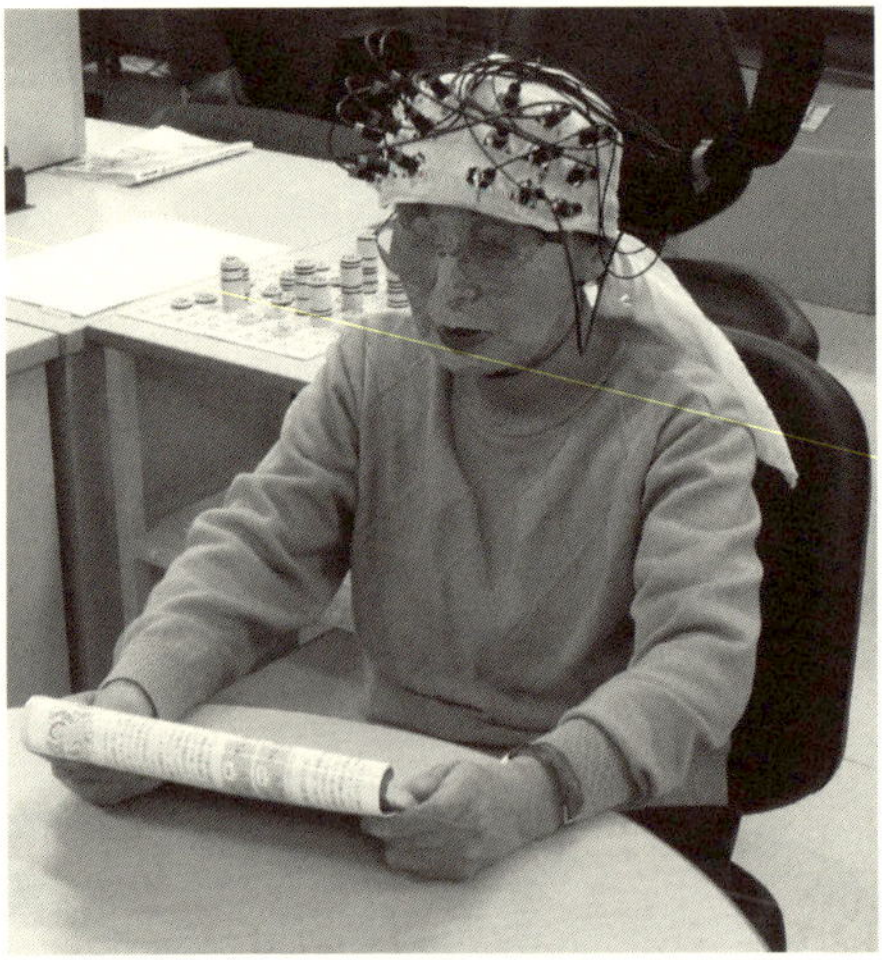

光トポグラフィーで、音読しているときの脳の血流を測定している高齢者

さんのセンサーを取り付けなくてはいけません。ときには髪を切らなくてはいけない場合もあるような検査です。当然ですが、認知症高齢者は、そんな見たこともないものをたくさん頭に着けるのを嫌がりました。

いきなり壁にぶつかって、研究員の皆さんは侃々《かんかん》諤《がく》諤《がく》の議論をしながら、どうしたものかと困っていました。研究員さん達は、お年寄りと接する機会がほとんどないせいか、なかなかいい解決策が見つからないでいました。

私達も一緒に考えていて、ふと思いついたのが「頬《ほお》かむり」でした。お年寄り、特に女性は、若い頃から農作業のときなどに、よく頬を手ぬぐいで包んで作業する姿を見ていました。若い頃から頬かむりをしていたはずですから、きっと慣れていると思ったのです。

手ぬぐいに切り込みを入れ、スナップボタンをつけて、機材をセットして被せたら……これが全然、嫌がらない！

これでようやく測定がスタートしました。現場の力が研究に役立ちました（笑）。

余談ですが、その後、この機材に改良が加えられ、ラグビーのヘッドギアのように頭から被って測定できるように進化しました。これは、このときの経験がヒントになったものだと聞いています。

教材の難易度を巡り、スタッフと公文がバトル

以前にもお話をした通り、この研究に入る前から、永寿園では、公文の乳幼児用教材を使っていました。しかしこの研究では、認知症の方のための学習療法用教材を、脳科学や心理学の先生方の意見をもとに公文が新たに作成していました。

ところが、この教材を見たスタッフから疑問の声が続々とあがりました。

「お年寄りの自尊心を傷付けることになります」

「ばかにされたと思うお年寄りがいるんではないか」

「公文の担当者は、お年寄りのことがわかっていない」

教材が簡単すぎると感じたのです。

後ほどご説明しますが、永寿園ではお年寄りの自尊心を大切にするために、お年寄りへの言葉遣いには特に注意を払って、敬意を持った丁寧な言葉遣いをするよう教育してきていましたから、スタッフ達の気持ちは理解できました。でも、「研究がこれから始まろうというときに……」と正直、困りました。

一方で私自身は、これまでの春日園での経験などから、やればいい結果が出ると信じていました。

公文では、障がい児の学習でも乳幼児用の教材をサササッと学習して百点がもらえると、学習が楽しくなって鉛筆が止まらなくなる。鉛筆が止まったら、「この教材はこの子には難しい」と判断して、他の

学習療法の教材例

●読み書き　昔のことが思い出されるような内容になっている

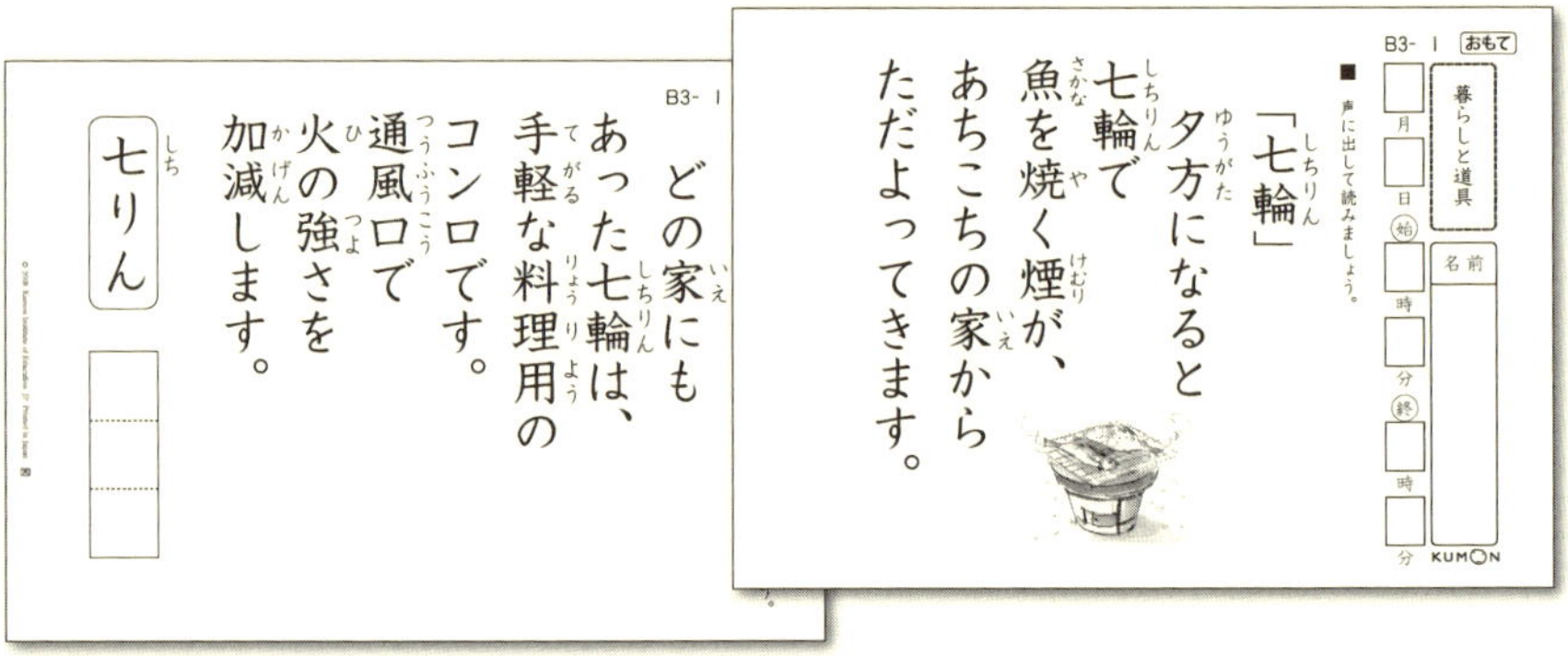
B3-1 おもて
暮らしと道具
声に出して読みましょう。
月　日　始　時　分　終　時　分
名前
「七輪《しちりん》」
夕方《ゆうがた》になると
七輪《しちりん》で
魚《さかな》を焼《や》く煙《けむり》が、
あちこちの家《いえ》から
ただよってきます。
KUMON

B3-1
どの家《いえ》にも
あった七輪《しちりん》は、
手軽《てがる》な料理用《りょうりよう》の
コンロです。
通風口《つうふうこう》で
火《ひ》の強《つよ》さを
加減《かげん》します。
七《しち》りん

●計算　計算問題を声に出して解くことで、脳をより活性化させる

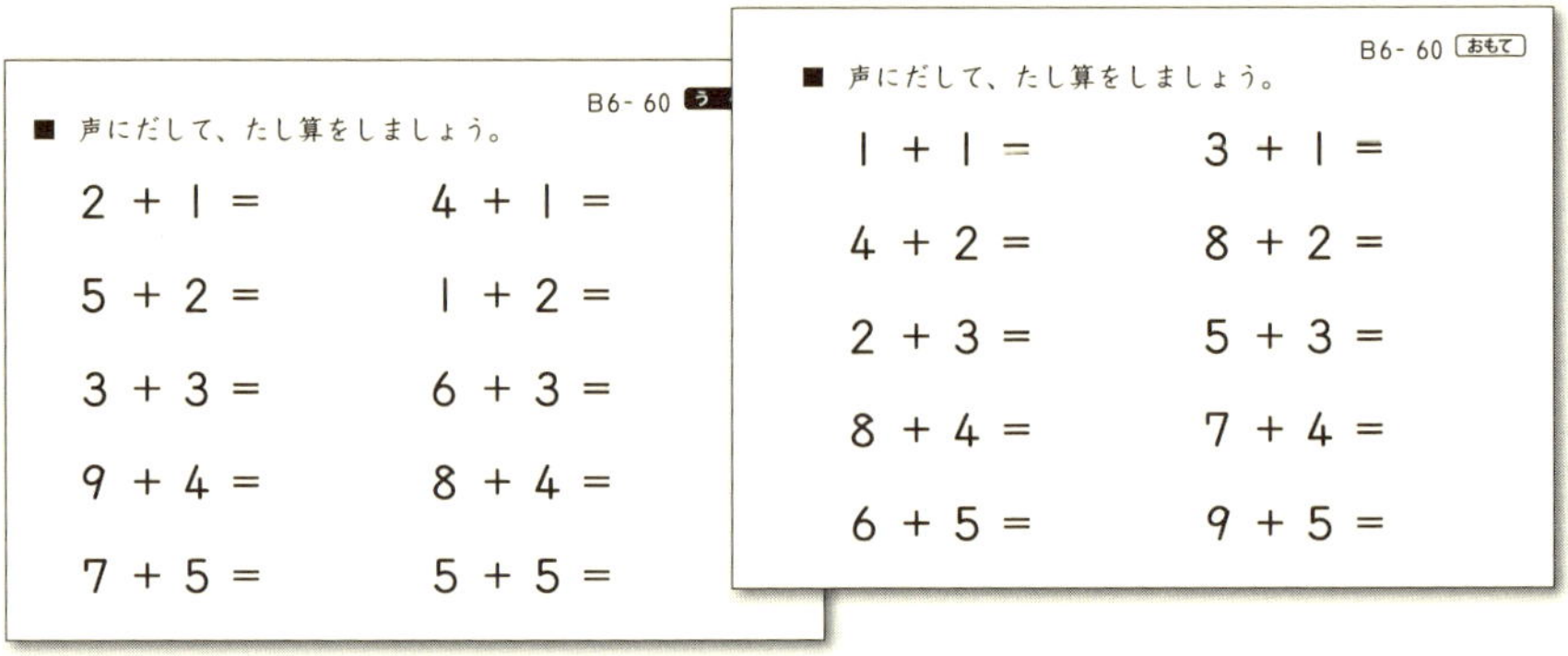
B6-60 おもて
■ 声にだして、たし算をしましょう。

1 + 1 =	3 + 1 =
4 + 2 =	8 + 2 =
2 + 3 =	5 + 3 =
8 + 4 =	7 + 4 =
6 + 5 =	9 + 5 =

B6-60 う
■ 声にだして、たし算をしましょう。

2 + 1 =	4 + 1 =
5 + 2 =	1 + 2 =
3 + 3 =	6 + 3 =
9 + 4 =	8 + 4 =
7 + 5 =	5 + 5 =

教材を試します。こうやって学習者の自立心や自尊心を大切にするのが公文なのです。

　公文の特長も、とりあえずやってみないとわからないだろうと思って、スタッフ達に私からこう提案しました。

「試しにやってみよう」

　私の一声で、公文の担当者の説明に強い疑問を持っていたスタッフも、しぶしぶですが協力してくれることになりました。

　結果は……公文の勝ち。研究が始まって数か月も経つと、

「○○さんが変わってきました！」

「驚きました！　楽しんで学習して、もっとしたいと言っています」

スタッフ達はどんどんお年寄りの変化を見つけては喜び、感動し始めました。そして、気づきや学びも会話の中で飛び交《か》い始めました。

「きっと前頭前野《ぜんとうぜんや》が活性化しているんだ！」

これまで永寿園の中で、前頭前野などという単語が話に出たことはありませんでしたが、川島教授の理論を学んでからは、まるで流行《はや》り言葉のようになりました。

そして、いつの間にかお年寄りだけでなくスタッフ達自身も、学習に対して前向きになっていきました。

永寿園のスタッフ達が学習前に思っていた以上に、簡単な読み書き・計算は効果的だったようです。私達もお年寄り、特に認知症高齢者の自尊心を大切にしてきたという自負はありました。しかし、ここでは、脳科学や心理学に基づいて作られた教材を使うことで、お年寄りが自信や意欲を取り戻し、楽しく学習できるという公文の考え方のほうが正しかったということになるでしょう。

学習療法は生活に活かしてこそ意味がある

研究が始まって半年後、ＦＡＢ（前頭葉《ぜんとうよう》機能検査）、ＭＭＳＥ（認知機能検査）を実施しました。この二つの検査は、どちらもグローバルスタンダードで、一番普及していると言える検査です。日本でも多く

永寿園での共同研究の結果

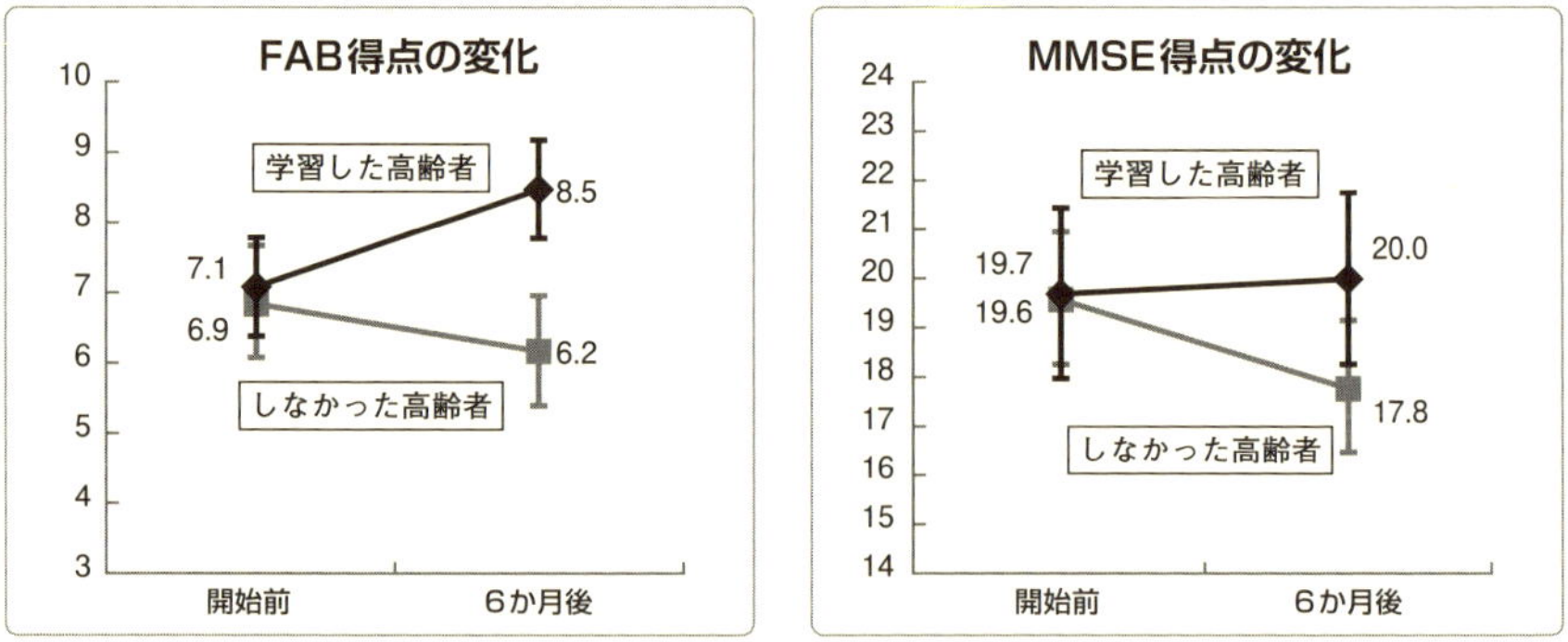

どちらの脳機能検査も、学習療法を6か月間行った高齢者のほうが平均値が高かった

の研究者や医師が実施をしています。検査の数値は、お年寄りの年齢が高くなるにつれ、下がっていくのが一般的です。

学習したお年寄りの平均値を見てみると、研究開始時と比べて明らかに変化が現れていました。また、学習をしていないお年寄りのそれと比べても、違いは明らかでした。つまり、学習療法が脳の機能に効果があると証明されたのです。

この結果は認知症ケアの可能性や、認知症高齢者の希望の光になると報道されました。

私もホッとしました。本当に共同研究に参加してよかったと思いました。私達の取り組みが科学的に評価されたことは、私達自身にとっても大きな実りであり、大きな自信につながりました。けれどもまた「悪い癖」で、研究の成果が出た後、新しい疑問が湧いて悩み込んでしまいました——学習療法で脳は活性化する。それをどう介護に活かすの?

読み書き・計算で脳を活性化させることは意味があることです。研究者なら結果が出た時点で一段落してもいい。でも、介護施設は、研究者のお手伝いで終わってしまっていいのか。

介護施設は脳を活性化させるためだけにあるのではありません。お年寄りを元気にし、彼らの生活や人生をスタッフと共に作り、支えていく場所です。

つまり、私達には研究の「先」があるのです。この研究の成果を介護の現場で活かす役割が私達にあるのではないか。

こんなに悩んだのは、大学三年のとき以来です。二十歳になったのに、自分の中身がなさすぎることに不安を覚え、布団《ふとん》を被って一人悩んだことがありました。答えがなかなか見つからず、焦りと不安で押し潰されそうだった記憶があります。

今回も同じでした。でもあるとき、誰にも相談できずに苦しんでいたら、突然ハッとひらめいたんです。「日常の生活に活かせばいいんだ！　そうだ、お年寄りにも施設の中で役割を持ってもらい、自分のできることをしてもらえばいいんだ！」

家ではお年寄りが仕事をすると、感謝されていた

思い起こしてみると、昔はお年寄りが家で仕事をするのは、珍しくありませんでした。

私のじいちゃんは、よくウナギ釣りに出かけ、帰ってくるとウナギを焼いて食べ、風呂に入っていました。自分が一番風呂に入りたいからと、わざわざ木工所から木屑《きくず》や端材《はざい》をリヤカーでもらってきて、日が高いうちから自分で薪《まき》を燃やしてお風呂を焚《た》いて、ウナギを焼いて食べながら一番風呂に入ってい

ました。お風呂を焚いてくれるので、結果的に家族も助かっていました。

同じく一緒に暮らしていた、ばあちゃんもそうでした。

うちでは、冬の保存食として大豆や小豆《あずき》、ソラマメを蓄えておくのが習慣でした。ばあちゃんは、豆の中からきれいなものを一つ一つ選《え》り分けるのです。「これは年寄りでないとできん！」なんて言って、どてらを着て背中を丸めながら、南側の縁側で、日がな一日ずっと分けている。日が暮れると「この小豆、使い！」とそれを嫁に渡すんです。

私に上の子が生まれて里帰りすると、ばあちゃんが「赤子にはこげんせんと！」と言って、当時は布おむつしかありませんでしたから、布のしわを一つ一つ伸ばして、柔らかくして赤ちゃんの皮膚《ひふ》がこすれて赤くなるのを防いでくれていました。私がお礼を言うと、ばあちゃんはとても嬉しそうでした。

スタッフの「ありがとう」が、お年寄りを元気にする

施設にいるお年寄りも、家では、できることは自分でやっていたはずです。介護施設も生活を支える場で、いわば、擬似的な家です。ですから、きっと同じようにできるのではないかと思いました。

例えば、学習療法で言えるようになった数字。一、二、三とそのままでは抽象的で使いにくいですが、一枚二枚三枚、一人二人三人……と言葉を付け足したらどうでしょう。紙、人、鉛筆といった具合に、身の回りのものを数えたり配ったりするのに使えます。学習が日常生活に活きてきます。

そのためには、まずお年寄りの「できること探し」が必要ですが、これには学習療法が役に立ちました。学習療法のときに交《か》わされるコミュニケーションの記録や日報をもとに、スタッフ達はお年寄りお一人おひとりのできることや役割をチームで話し合い、探すのです。今では、食器を数えて揃《そろ》える、エプロンたたみ、館内放送、他のお年寄りに新聞を読み聞かせるなど、いろんなことをお願いしています。

ひと仕事終わったら、スタッフはお礼を言います。永寿園では、お年寄りにお手伝いいただいたら、「おかげさまで助かりました。ありがとうございました」と必ず申し添えることにしました。お礼を言われたお年寄りは、「この施設は人使いが荒かねー」なんて言いながらも、嬉しそうな顔をします。

「私達にも、まだまだできることがある」

「私も人の役に立っている」

お年寄りにそう感じていただくのが大切です。

もちろん、どんな作業でもスタッフがやったほうが、速くて上手に決まっています。でも、介護施設はお年寄りを元気にする場です。ですから、「ありがとう」とお年寄りに伝える機会は、自信や意欲、誇りを持ってもらうために必要なことなのです。

新聞記者の心配に「いらん世話」

ところがお年寄りを元気にすることが、介護施設ではまだまだ当たり前にはなっていません。これまでの介護はできなくなったことをお世話するのが一般的でしたし、介護保険制度では、お年寄りが元気になり要介護度が下がる、つまり軽くなると、介護報酬（給付金）が減るという矛盾があるからです。例えば、先ほどの「役割作り」で要介護度が軽くなると、施設の収入が減ってしまうのです。

これについては、ある新聞記者からも聞かれました。ちょうど共同研究が始まり、マスコミの取材がいろいろ続いていた頃、インタビューでこう質問されたのです。

「介護施設の経営という観点からみれば『いい介護』よりも、どれだけ儲《もう》かるかが大事だと考えている経営者もいると思います。学習療法を実践して効果がどんどん出て、高齢者の要介護度が軽く、良くなっていったら、この永寿園という施設の収入はどんどん減って、施設経営が厳しくなってくるんではないですか」

私は思わず、

「いらん世話です。あなたにそんなことまで心配してもらわなくても、そんなことで永寿会《えいじゅかい》は倒産しません」

と答えました。

確かに、短期的には施設の収入が減ることもあるかもしれません。しかし、それはとても近視眼的な見方だと思います。スタッフ達が可能性の追求に目覚め、仕事の意味ややりがいを感じて成長し、「いい介護」を目指すことで、仕事の効率が上がる、離職者が減る、地域から信頼されるなどのいいことがいろいろ起きます。

永寿会は、介護の質とスタッフの質が、行ったり来たりしながら一緒に育ってきたんだと思いますし、この先もそうやって成り立っていくと思います。それが永寿会の歩み方なんです。

ずっと前から「自立支援」を目指していた

「いい介護」をする「いい施設」の収入が減ってしまうのは、介護保険制度における課題だと一般によく言われます。私もそれには疑問を持ち続けており、確か二〇〇九年頃、川島教授や公文の人達と一緒に議員会館に出向いて、議員勉強会の中でその疑問を訴えたことがありました。川島教授に対して議員さん達から「認知症の改善への研究成果などのお話を聞きたい」という要望が来て実現した勉強会があり、共同研究に参加した介護現場の代表として私も呼ばれたのです。

当時から、介護保険制度には自立度(要介護度)が良くなると事業者(施設)の収入が減るという矛盾への声があり、また、お年寄りが自分らしさを取り戻すという発想がないという問題点があると、ハッキリとお伝えしました。

それから、「介護の質、成果が評価される仕組み作り」の必要性や、学習療法などの認知症リハビリの承認を要望し、同時に「介護人材の配置基準」についてもお伝えしました。

国会議員の方々は、かなり関心は持っておられましたが、やはり介護現場のこと、特に「いい介護いい施設」を目指しているような施設の存在は、まだよくわかってはおられないようでした。まして学習療法のような方法があることなんて、ご存知なかったでしょう。議員の方々は、「なるほど」と頷《うなず》きながら聞いておられましたが、すぐ行動に移すというような雰囲気ではありませんでした。

しかしその後、二〇一六年くらいからでしょうか、ようやく国も、この矛盾に対して動き始め、「いい介護」を目指した施設の評価制度やインセンティブ制度の設計に舵《かじ》を切りました。

これからの介護について、安倍総理大臣は未来投資会議の中で、次のように述べておられました。

「介護でもパラダイムシフトを起こします。これまでの介護は、目の前の高齢者ができないことをお世話することが中心でありまして、その結果、現場の労働環境も大変厳しいものでもありました。これからは、高齢者が自分でできるようになることを助ける自立支援に軸足を置きます。本人が望む限り、介護は要らない状態までの回復をできる限り目指していきます。

（中略）

介護現場にいる皆さんが自分たちの努力、あるいは能力を生かしていくことによって、要介護度が下がっていく達成感をともに味わうことができるということは、専門職としての働きがいにつながっていくことではないかと思います」（第二回未来投資会議議事要旨より）

最近になって国が言い出している「自立支援」は、学習療法を通じて私達、永寿園が何年も前から取り組んできたこと。ですから国の動きを見て、「ひょっとしたら、私達が普段話していることを総理大臣が聞いていたのかな」などと冗談を飛ばしていたくらいです。国や介護業界が「いい介護いい施設」を目指していくことは、本当に素晴らしいことだと思います。

ターミナルケアにも学習療法を

私は今、永寿会の介護の中身と学習療法には四つの関わりがあると思っています。

一つ目は、認知症ケアや認知症リハビリと学習療法の関わりです。永寿会においては、認知症のお年寄りへの介護や認知症リハビリに学習療法が役立ってきました。後ほど事例をご紹介しますが、要介護度の変化にも成果が出ています。

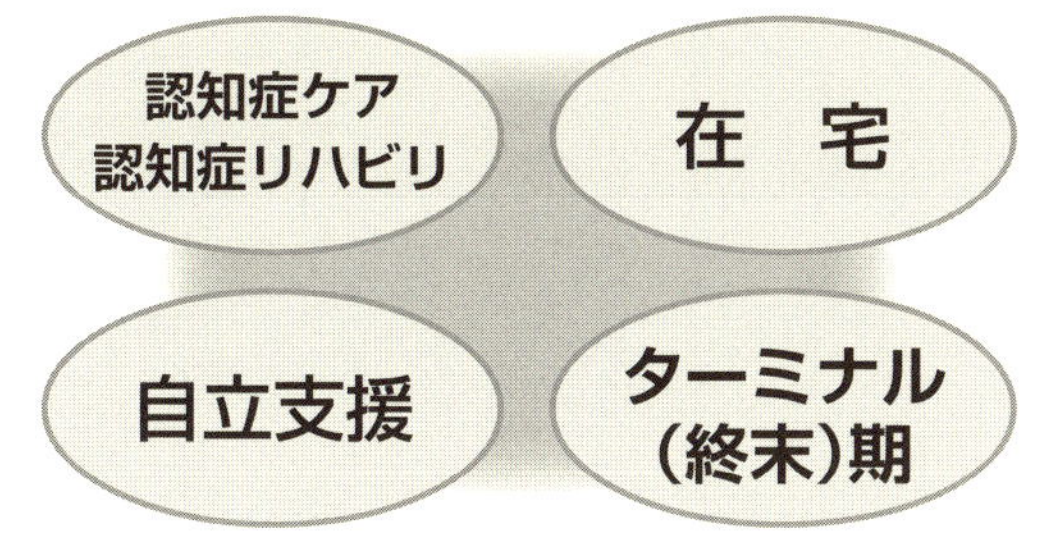

学習療法が役立つ4本柱

二つ目は、自立支援と学習療法の関わりです。つまり、学習療法によって、より高いレベルの個別ケアができるからこそ自立支援が可能になると考えています。永寿会では学習療法による観察や気づき、コミュニケーションを通じて、「役割探し」につなげ、さらには個別の介護から自立支援へとつなげる取り組みをしています。

国は前述の通り、「自立支援に軸足を置く」と言ってくれていますが、これはそれほど単純で、簡単なものではありません。自立支援を全ての人にできれば最高ですが、それは難しいことです。全てのお年寄りに自立支援を実現しようとするなら、お一人おひとりに合った個別の介護でなければ絶対に無理です。

三つ目の関わりは、在宅、つまり住み慣れた家でのケアと学習療法の関係です。例えば、通所で学習療法をして、自宅で宿題の教材を学習するケースです。私は在宅での介護と学習療法の関わりも今後ますます大きくなると思っています。なぜなら、お年寄りとご家族をつなげる役割を学習療法が担っていけるからです。

四つ目の関わりは、ターミナル(終末)期と学習療法の関わりです。

これまでは、もし緊急なことが起こったら、最期は病院に移ってもらうというのが一般的でした。亡くなるときには医師が立ち会わなければいけませんから、病院で亡くなることが普通でしたが、これからの介護は目指すところが少しずつ変わってきます。施設で亡くなる、そしてできれば、ご自宅で最期を迎えたいというニーズが高まっています。さらに昨今では、看取りも特養でやって欲しいという国や行政の方針もあり、永寿園のような特養は「終《つい》の棲家《すみか》」とも言われています。

このターミナル(終末)期においても、学習療法によって亡くなる直前まで自分らしくいることができます。それがターミナル(終末)期における学習療法の価値なのです。

自宅や施設で自分らしく最期を迎える時代

認知症が改善して、自立支援にまで達せることはなくても、ターミナル(終末)期にその人らしく過ごしてもらうことの価値は、とても大きなものです。これまでも永寿園では、認知症高齢者だけでなく、ターミナル(終末)期のお年寄りへの学習療法の効果も多く体験してきました。「要介護度が重くなったお年寄りに、亡くなる最期の瞬間までその人らしく過ごしてもらう」のが目的です。

ただ併せて考えなければならないのが、人工透析、人工呼吸器、胃ろうなどを行っている場合のターミナル(終末)期の問題と、その人の最期の尊厳の問題です。これらは、これから日本において大きな問題になってくると思います。

例えば、口から食べるのと胃ろうでは、やはり違いがあります。本来、人間は口から食べるのが当たり前ですから、お腹に穴を開けて、体に流し込むのはどうなのかという人間の尊厳の問題に関わってきます。また、食べることの喜びを奪ってしまうという問題もあります。

永寿園の中でも胃ろうのお年寄りは多いですが、私達は一口でも口から食べてもらい、足りない分を胃ろうで補うという考え方で介護をしています。

ただ、よく知らないご家族の方の多くは、「管理しやすいから胃ろうにしてください」と施設に言うんです。胃ろうにすれば、管をつないで栄養剤を投入するだけで済みますから、一口ずつ食べさせる必要がなくなります。ずいぶんと食事介助の負担が減ることになりますね。

だからと言って、施設はそれに応《こた》えるだけではダメだと思います。よりその人らしさや笑顔、元気を最期まで持ってもらえるように、ご家族とよくお話しして、理解を得て協力してもらうことが、お年寄りが自分らしくいてもらうことになり、結局はそれがご家族の喜びになり、苦しみを減らすことにもつながるのです。

繰り返しになりますが、最期までその人らしく、つまり「在宅で終わる」ためにどんなサポートを介護施設の関係者や家族がすべきか、今後もどんどん関心が高まると思います。

学習療法はそのような時代の流れに合った、お年寄りがその人らしさを保ちながらターミナル（終末）期を迎えられるようにする効果的なツールなのです。

学習療法の特徴の一つは事例から学べること

私達は、この学習療法の研究の中で、驚くようなお年寄りの変化の事例を目《ま》の当たりにしました。そして、その事例から多くのことを学んできました。これから、その事例の中からいくつかのケースをご紹介したいと思います。

事例1 「死にたい」が口癖のお年寄りとスタッフが起こした奇跡

お年寄りの支えとなったスタッフとの交換日記

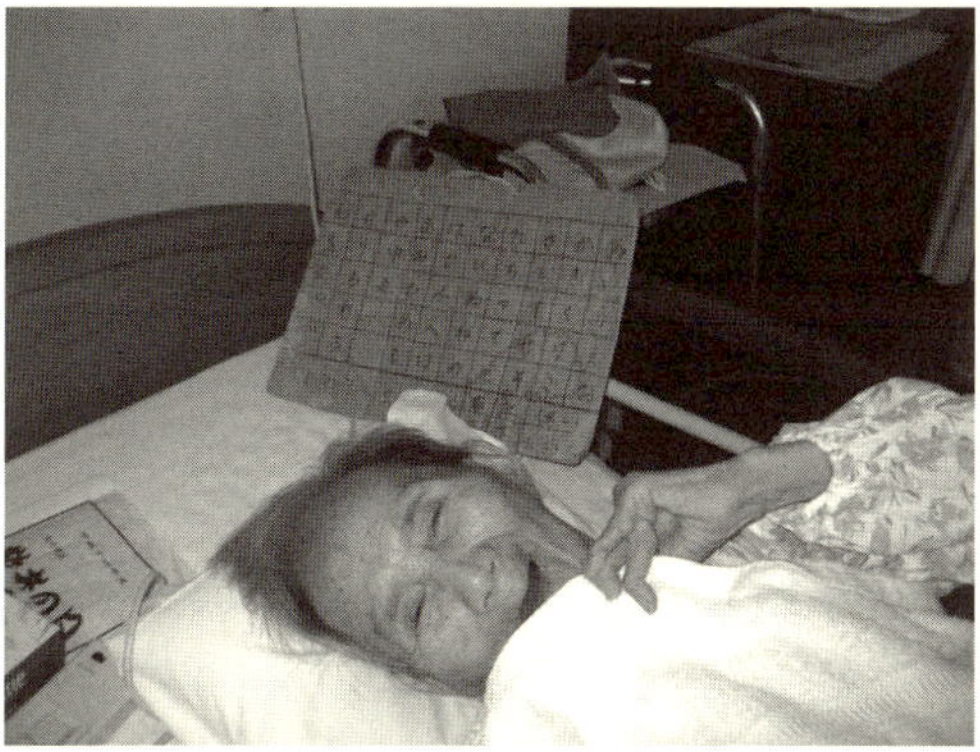

寝たきりの頃の内田さん

まずは内田さん（当時八十五歳）の事例です。この写真撮影時の数年前から筋力低下と筋萎縮《きんいしゅく》が進んで、杖を使わないと歩けない状態でした。その後、大腿骨《だいたいこつ》を骨折して、骨《こつ》粗《そ》鬆症《しょうしょう》と診断されてからは、ついに寝たきりになってしまいました。元気なときには、畑で野菜を作ったり、花を植えたりするなど趣味の園芸を楽しんでおられたようでした。勉強への意欲も高く、「女学校に行きたかったが、兄弟がいて行けなかったので、勉強はずっとしたいと思ってきた」と言っていました。

内田さんはスタッフの助けを借りて、何とかリハビリをしようとしますが、胸や腰など体中に骨折があって、うまくいきませんでした。思い通りに体を動かせない内田さんはイライラから、「もう一生寝たきりだ。もう死んだほうがマシだ」と泣きながらスタッフに嘆《なげ》き訴えるようになりました。

やがて要介護度も一番重い5になります。オムツになり、ベッドの中でも体を動かすことさえ難しくなりました。内田さんの苛立《いらだ》ちはますます募るばかりで、日に何十回もナースコールを押してはスタッフを呼び、「いつ死んでもいい」と口癖のように言っていたのです。

これには介護担当も大変だったと思います。でも、決して諦めず、粘り強く対応していたんですね。内田さんはやがて声をほとんど出すことができなくなるんですが、この介護担当が独自に内田さんとのコミュニケーションの仕方を作っていたんです。「はい(yes)」なら、小指をピンと立てる。「違う(no)」なら小指を曲げる。そして嫌なときには、小指を振ってもらう。こうやって二人は会話をしていたんです。

あるとき、介護担当が「内田さん、学習療法してみたいんですか」と尋ねてみたそうなんです。そうしたら、内田さんは小指をピンと立てたと言います。そこで介護担当が「学習療法をしたいなら、少しでも起きて元気になっていましょうね」と返したところ、そのときから内田さんは朝になると、起こして欲しいと頼むようになりました。

でも、内田さんへの学習療法は、なかなか実現しませんでした。

介護担当は再三、内田さんの気持ちを学習療法チームのスタッフに伝えました。しかし、学習療法チームは内田さんのような重い状態で、しかも、椅子に座れない人には無理だと思い込んでいたんですね。「こんな症状が重たい人には学習できないです。私達もしたことがないから、わからないです」

と学習療法チームは言っていました。それも無理なかったのかもしれません。

「内田さん、学習療法をしたい人がまだたくさんいるので、待ってもらわないといけないんですよ」

内田さんをがっかりさせたくない介護担当は、泣く泣くウソを言いました。そしてこう続けたのです。

「順番を待つ間、私と交換日記をしましょうか」

内田さんの小指は……ピンと立ちました。こうして二人の交換日記が始まりました。

最初は、介護担当が書いたところにチェックを付けたり、「うん」などの短い単語を書くのが精一杯でしたが、だんだんと上達し、もっと字を書きたいと意欲的になっていきました。離床時間（ベッドから起き上がっている時間）も増えて、ついには手紙を書きたいと言い出して、実際に書くところまで回復したのです。

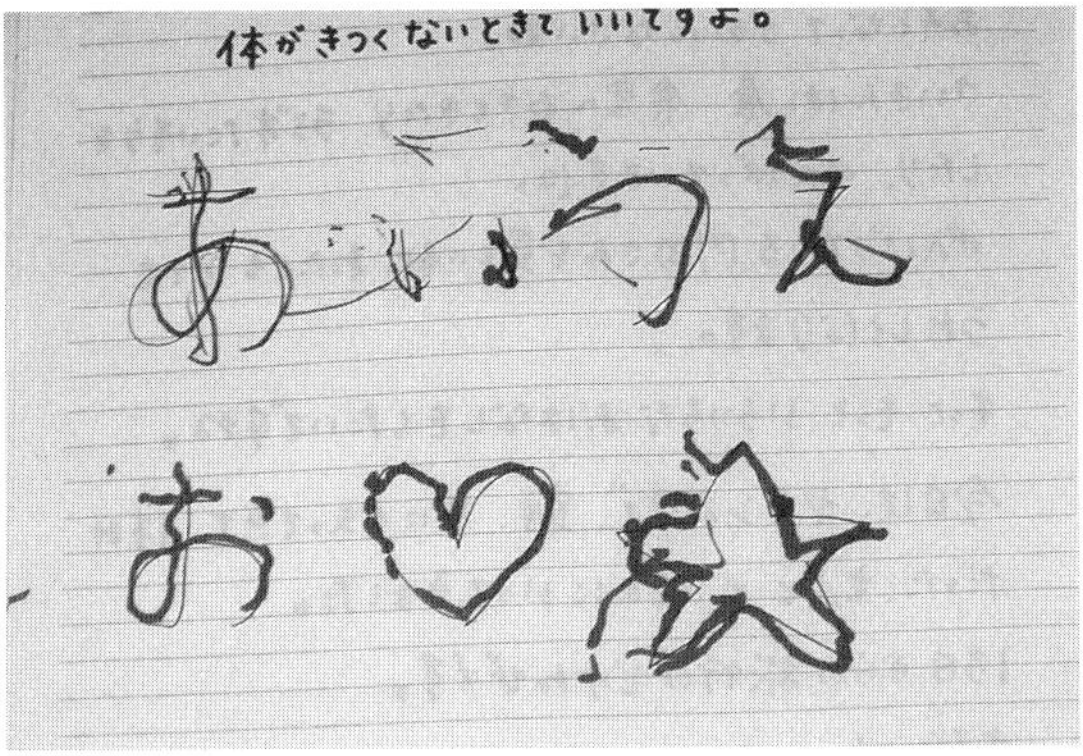

交換日記の一部。スタッフの鉛筆書きを内田さんがペンでなぞった

「学習療法をやりたい人」が最優先

ある日、この交換日記を学習療法チームの一人が、内田さんのベッドサイドで偶然見つけます。そこには、介護担当が書いた文字の上を、ミミズが這《は》ったような字で内田さんが懸命になぞった跡がありました。

「あんな重い症状だったのに、ちゃんと書いている！」

このスタッフは衝撃を受け、何とかこの二人の頑張りに応えてあげたいと思い始めたそうです。

こうして、内田さんは学習療法を開始することになりました。これを聞いた内田さんは、満面の笑みと涙で心から喜んだそうです。

その一方で、学習療法チームは反省しました。寝たきりを三年間も続けていた内田さんを待たせてしまったことに、申し訳なく思ったのです。

当時、学習療法を誰からするかを永寿園のスタッフや研究者達が話し合って、「椅子に座って学習できる人」を最優先の条件に挙げていました。ですが、この件でそれが間違いだと気づかされました。

では、どういう人が最優先なのか。それは「学習をやりたい人」です。私達は日頃の介護の中での固定観念に囚《とら》われて、「死んだほうがマシ」と言っている人、やたらナースコールを押して困らせる人、そういう人達は学習療法なんかできないと決め付けていました。

でも介護担当は、普段から内田さんのことをよく観察して、内田さんの気持ちや意志、可能性、残存機能をよくわかっていたんですね。だから、可能性の追求ができたのです。

学習療法を始めるにあたり、内田さんに学習療法スタッフが何を勉強したいのか聞きに行きました。そうしたらこんな答えが返ってきました。

「大きな声が出せて、人と話ができる人になりたい」

お年寄り自身がこんなにも明確な意志を持ち、「何かをやろう」という気持ちでいたことに、スタッ

フは驚きと感動で胸がいっぱいになったそうです。そして、

「私達は知らぬ間に、高齢者に我慢をさせていたのではないのか」

と思ったと言います。学習療法チームはこの一件で深く反省し、そして大いに学びました。


後日、内田さん本人も交えてカンファレンス（会議）をして、まずは学習療法で声を出す練習から始めることになりました。本人の体調を考慮して最初は週三日、ベッドサイドで学習療法の担当者が教材を読んだり、一緒に声を出して読んだりしました。

一か月後、内田さんは声を出せるようになり、学習療法の教材の文字や単語を自分の声でちゃんと読めるようになっていました。学習療法のスタッフが「今日は大きな声が出ましたね」と声を掛けると、「お茶飲んだからやろね」と笑顔で返してきたそうです。このスタッフはびっくりしていました。内田さんは学習療法を心待ちにしていました。すれ違う介護担当に「勉強はまだね」と催促していたほどです。


さらに一か月くらい経って、学習療法スタッフが内田さんのベッドに行ってみると、内田さんが寝たままノートに何かを書いていたそうです。「何を書いているんですか」とノートを覗《のぞ》き込むと、またまたミミズが這ったような文字で、

「ハッピーハッピー」

と書いてあったそうです。この日は介護担当の誕生日で、交換日記の中に「今日は私の誕生日なので、

ハッピーバースデーを一緒に歌ってくださいね」と書いていたらしいんです。それで内田さんは、それに応えようとサプライズでこう書いたんですね。

そういえば、内田さんから年賀状が届いたこともありました。最初は嫁いだ娘さんに年賀状を書きたいという希望があって、十一月から少しずつ書き始めたそうなんです。結局、七枚書いて、そのうちの一枚が永寿園の私や介護担当宛てだったんですね。住所は介護担当が代筆したそうですが、裏の本文はまさしく内田さんの字でした。

こんな約束をしていたのかと驚きましたが、実現できるかわからなかったので、二人だけの秘密にしていたそうです。

お年寄りに気を遣わせていたことに涙

生活においても、内田さんは変化していきました。それまで内田さんは、誕生会などのレクリエーションに参加することが、ほとんどありませんでした。ところが、学習開始から一年後のクリスマス会では、ちゃんと車椅子に座って参加できて、しかも、なんと歌を歌ってくれたんです。

「こんな体になって人前に出るのは恥ずかしい」と言っていた内田さんですが、間違いなく自信を取り戻していました。

一日に何回も押していたナースコールも、ほとんどなくなっていました。以前は、確かに「ナースコール頻回（頻度が多いこと）」と記録されていました。これは一日に二十回以上のナースコールを意味しています。

ところが、それが激減していました。なぜこんなにも減ったのか疑問に思った私は、介護の係長に記入漏れではないかと確認したほどです。漏れは絶対にないと係長が言うので、内田さん本人に聞いてみるように促《うなが》したところ、三十分くらい経って、係長が「へぇー」とうなりながら戻ってきました。

係長は内田さんから、二つの理由を聞かされたそうです。

学習中の内田さん。寝たきりだったとは思えないほど、しっかりと学習している

一つ目は、一日一回、学習療法のときにスタッフが自分の相手をしてくれるので、もう淋《さび》しくなくなったから。

二つ目の理由は、三年間寝たきりだった内田さんが学習療法のために起き上がってみたら、周りのスタッフが忙しそうに働いているのがわかったからでした。

本当に驚きました。「淋しくなくなった」ならまだしも、「スタッフが忙しそうだから」なんて……。

「情けない」

私は涙しました。お年寄りに気を遣わせ、淋しい思いまでさせていた。私達は何という介護をしていたのでしょうか。

申し訳ない気持ちで胸がいっぱいになりました。

内田さんの事例から学んだことは、「お年寄りに対して固定観念を持ってはいけない」ということです。「この人にはできない」と、こちらが決め付けてしまわないためにも、この介護担当のように日頃からお年寄りのことを観察して、深く知ることですね。

そして、もう一つ。学習療法には本人の「やりたい」という気持ちが大切だということです。「～がしたい」「～になりたい」といった本人の意志が一番大事なんだと、内田さんに教えていただきました。

事例2

重度のお年寄りの変化がスタッフを変えた

学習療法はできないと思われたお年寄り

次は石橋さんの事例です。石橋さんは百歳を超えており、調子の良いときと悪いときの波が激しい方でした。良いときと悪いときの比率が、三対七ぐらいでしょうか。調子の悪いときは、何を話しているのか全くわかりませんし、食事も摂《と》りません。急に裸になることもありました。

夜になると特に不穏《ふおん》になり、大声を出す、壁を激しく叩くといった行動障害も見られました。それは他のお年寄りが眠れないほど、ひどいものでした。一旦《いったん》不穏になると朝まで止《や》まず、夜中に施設を車椅子で動き回っていました。そのため、夜勤の介護担当はずっと石橋さんに付き添いながら、他のお年寄りの介護をして回っていました。石橋さんの場合、だいたい二晩はこんな状態で、一晩寝るという感じでした。

これが一年ぐらい続いた後、私のほうから石橋さんに学習療法をしてもらいたいと介護担当に提案してみたんです。でも、スタッフの反応は、

「わー無理やろ」

石橋さん（左）とスタッフの中島さん。このときの石橋さんは109歳

「そんなのできるはずがない」

これまでの共同研究でも、できないと思った人が奇跡的な変化を見せることがありました。ですから、きっと石橋さんもできるのでは……そんなことを期待して、再三、私から学習療法スタッフを通じて介護担当に学習を申し出たんですが、一週間経っても、二週間経っても、学習を開始することはありませんでした。永寿園では、学習療法スタッフと介護担当が「この方は学習ができる」と思わなければ、学習は始まりません。

「あんた達がせんなら、私がするよ」

待っていても仕方がないと思い、私が業《ごう》を煮やして言いました。すると、無理だと言っていた介護担当が石橋さんの学習療法を始めることに決めたのです。どうやら「学習療法ができない人もいる」ということを証明したかったようです。一度チャレンジしないと、私が納得しないと思ったのかもしれません。

学習療法では、開始前にＦＡＢとＭＭＳＥという検査を行って、その人にちょうど合ったところの学習用教材がどこなのかを調べます。石橋さんにも検査を受けてもらいましたが、予想通り点数が付けられませんでした。学習療法スタッフは無理だと諦めかけましたが、介護担当から「石橋さんは調子がいいときには、簡単な漢字を読んだり、歌を歌ったりする」という情報が入り、とりあえず、すうじ盤をやってみることになりました。

すうじ盤とは、数字が書かれたシートと磁石のコマの教材です。コマには数字が書かれていて、シートの数字とコマの数字が合うようにコマを置いていきます。

すうじ盤。コマの数は30、50、100の３種類がある。写真は50のもの

石橋さんの前にとりあえず、すうじ盤の1から10までのコマを置くと、とても和《やわ》らいだ表情で大きな声を出して数字を読み上げました。これにはスタッフ達も驚き、感動していました。

初めてすうじ盤の数字を読んで、スタッフ達が興奮しているそばで、石橋さんが「あ、くたびれた」と自分の疲労感を口にしたので、さらにびっくりしたことを今も鮮明に覚えています。

その後も、数唱や二文字の単語の音読と一歩一歩進み、音読教材を一枚読むたびに「なかなか難しい」と言いながら真剣に学習していました。

定時排尿ができるようになり、要介護度が改善

生活面で変化が見られたのは、学習を始めて二か月経った頃で

しょうか。石橋さんから「手水《ちょうず》(注1)、手水」と、トイレの訴えが聞かれるようになってきたのです。明らかに尿意や便意が戻ってきていました。言葉がハッキリとわかるようにもなり、コミュニケーションも以前よりはスムーズになりました。

そんな中、介護課長から石橋さんの要介護度が5から4へと下がったという報告がありました。私はびっくりして、その理由を課長に尋ねたのですが、課長もわからない様子でした。

そこで、ご家族の了承を得て、市役所に開示請求を出したところ、理由は自ら排泄《はいせつ》を訴えることができる、つまり定時排尿《ていじはいにょう》でした。すなわち、一定時間おきに排尿ができるようになったことが要因の一つだったのです。確かに「手水、手水」と言うようになったのですから、納得です。

でも、学習療法で尿意が戻ることが信じられなかったので、学習療法の効果なのか確認したかった私は、すぐ東北大学の川島教授に電話して聞いてみたんです。教授は「初めて聞きましたが、そういうケースも出てくるでしょうね」と言っていました。

一年後、二番目に学習療法を導入した施設でも、似たような事例があったそうです。身体的な可能性まで学習療法で高まるなんて、驚くばかりです。

ついに夜の不穏がなくなった

石橋さんの夜間の不穏が減ったことも信じられない変化でした。介護担当に夜の時間帯の様子の記録を取るようにお願いしたところ、学習療法を始めて六か月で、すっかりいざり（注2）がなくなって、夜間の不穏や興奮が減り、夜に寝るようになっていました。あんなに寝なくて、介護担当が困っていたのに……。

あまりにもすごい変化なので、学習による程よい疲労感が眠りにつながったのではないか、あるいは、私は睡眠導入剤などの薬のせいではないかと思い、専属の医師に相談して一時的に睡眠導入剤の中止の許可をもらいました。それなのに、いざりが減っていたのです。本当に驚きでした。学習療法で薬を使わずに済んだということですね。

永寿園のスタッフはこの石橋さんの事例のような重度の方の変化を目の当たりにして、学習療法の効果を実感しました。実際、私から指示されなくても「あの人にも学習療法をしたら、もっと良くなるかもしれない」と自発的に考え、提案するスタッフが増えていきました。

しかし、共同研究では、認知症高齢者に特化させており、学習療法の対象者を絞っていました。ですから念のため、川島教授に他の高齢者にも学習療法をしてもいいか確認してみたんです。すると教授は「十分にデータは出揃っているので、いいですよ」と了承してくれました。それで従来の四十数名の学習者にプラスして、グループホームをオープンしたのと同時に、学習者を二十名も増やしました。これもスタッフが前向きになったから実現できたことです。

スタッフの意識が変わらなければ、いくら学習療法をしても、お年寄りに変化を起こすことはできないんじゃないかと思います。

（注1）ここでは小便のこと。

（注2）足で立てないため、膝や尻をついて移動すること。

事例3

館内放送という「役割」で元気になったお年寄り

お年寄りがやる気になるまで諦めないスタッフ

内村さんは、学習療法の共同研究の最初の学習者です。内村さんは当時九十歳で、要介護度2の軽度の認知症高齢者でした。永寿園に入所する前はデイケアセンターに通っていて、そのときに物忘れなどが見られて認知症と診断されました。

音読が得意だった内村さん

永寿園に入所して学習療法を始めた頃の内村さんの記録を見ますと、「精神面では理解力の低下は認められるが、コミュニケーションは可能な状態。ときどき思い込みから暴言を発したり、他者とのトラブルも見られる」とありました。内村さんはそれほど重い認知症の症状ではありませんでしたが、感情の起伏が激しくて、自ら進んで施設内のエプロンたたみの作業を手伝ってくれたかと思えば、急に「私はまだご飯を食べていない」と激怒することもありました。食事だけでなく、お風呂に入ったことさえ覚えていないこともよくありました。

内村さんの場合、最初は簡単な一桁の足し算の教材から始まったかと思います。それでも学習が始まってから一年くらいの間は、学習を始めるたびに、介護担当が誘導し、声掛けをしないとなかなか学習療法が始まりませんでした。内村さんの気分にはムラがあって、ときには拒否することもありました。

どうしたら学習療法をやる気になってもらえるのか。最初は学習療法スタッフと内村さんの知恵比べのような感じでした。

効果的だったのは、スタッフが内村さんの得意そうな音読用の学習療法の教材を見せて、「内村さんが本読みをするときの、あの素敵な声を聴かせてくれませんか」などと、意欲を喚起するような声掛けでした。しかし、いつもそれがうまくいくわけではなく、「そんなに毎日しなくてもいいでしょうに」「今、仕事(エプロンたたみ)してきたから、今日は学習はしなくてもいいんだよ」と拒まれることもありました。

しかし、一年くらい経ちますと、声掛けをするだけで毎回スムーズに学習が始められるようになりました。内村さんにとって、学習が毎日の習慣になっていったんだと思います。もちろん、気が乗らない日もあったでしょう。それでも、内村さんにとって、学習をするのが当たり前に変わったんだと考えられます。やはり、粘り強く、諦めず、本人の意欲が湧くような声掛けや対応を続けることが大切だということを教えられました。

もう一つ考えられるのは、内村さんは教材を音読することがとても得意で、内村さんの自信になっていったということです。学習療法スタッフも、内村さんが澱《よど》みなくスラスラと音読される様子に感動し、心から「すごいですね」と言えていました。もし内村さんの音読という得意なものをスタッフが知らなかったら、きっと学習療法を続けることも、効果を出すこともできなかったと思います。

上手な音読を館内放送という役割につなげる

ちょうど共同研究が始まって一年半くらい経った頃、学習療法スタッフと介護担当がカンファレンス（会議）の中で、内村さんの得意なところ、つまり音読に注目していました。

内村さんは全く初めて見た文章でも、初めての読み書き教材でもスラスラ読めました。とても大きな声で立て板に水のようにはっきりと読み、時折、学習した後で、「私は声が大きいから、恥ずかしいね」と自分で言うほどでした。

スタッフ達は、この内村さんの得意なところを何かに活かせないかと考えました。つまり、できること探しから、「役割探し」、そして「役割作り」へとつなげようという試みです。それで出てきたアイデアが、施設内の昼食メニューを紹介する館内放送のアナウンスでした。

永寿園という施設が始まって当時でもう二十年以上が経っていましたが、お年寄りにそんなことをやってもらうのは全く初めてのことでした。これまでは館内放送での昼食メニューのアナウンスは、永寿園の栄養士、または調理師の役割であり業務でした。

当初、スタッフもどうやればいいのかよくわかりませんでしたが、教材のように書いてあれば読めるのではないかと考えて、とりあえず、よくあるチラシの裏にその日の昼食の献立メニューを書いて、内村さんに持って行ってお願いしてみました。

「内村さん、皆さんに今日の献立メニューを紹介してもらえませんでしょうか」

突然のスタッフからのリクエストに内村さんは驚いたようで、

「え、私が？　なんで？」

と、いまひとつの反応でしたので、スタッフはすかさず、

「内村さんは読むのがすごく上手でしょう。だから内村さんにこれを読んでもらったら、永寿園の皆さんも喜ぶんじゃないかと思ったんですよ」

とスタッフ達が懸命に頼んでみましたら、内村さんは訝《いぶか》しげな表情でしたが、

「そんなら、やってみよかね」

と引き受けてくれたんです。

その日から、お昼に入浴する日以外は内村さんに献立メニューを読んでもらうことになりました。

手順はスタッフが決めておきました。その日の午前十一時くらいまでには献立メニューを書いたチラシを内村さんに渡しておいて、正午頃に内村さんに放送コーナーに来てもらう。準備ができたら、放送用の電話機をスタッフが持ち、読んでもらいます。そして放送が終わると、ねぎらいとお礼を伝えるよ

うにしました。

内村さんも最初は緊張して、たどたどしくなったりもしましたが、照れ笑いしながら、その日の献立メニューを一所懸命に読みあげてくれて、スタッフ達もホッとしていました。

一方、館内の反応はと言うと、突然、内村さんの声が聞こえてきて、みんなびっくり。内村さんの日頃の生活ぶりから、まさかそんなことをするとは他のスタッフも、お年寄りも想像できなかったんです。しかも、内村さんの放送から懸命さが伝わり、施設内が内村さんの声に和みました。スタッフは皆口々に、内村さんに、「ありがとうございます」「すごくわかりやすくて、良かったですよ」と声を掛けていました。

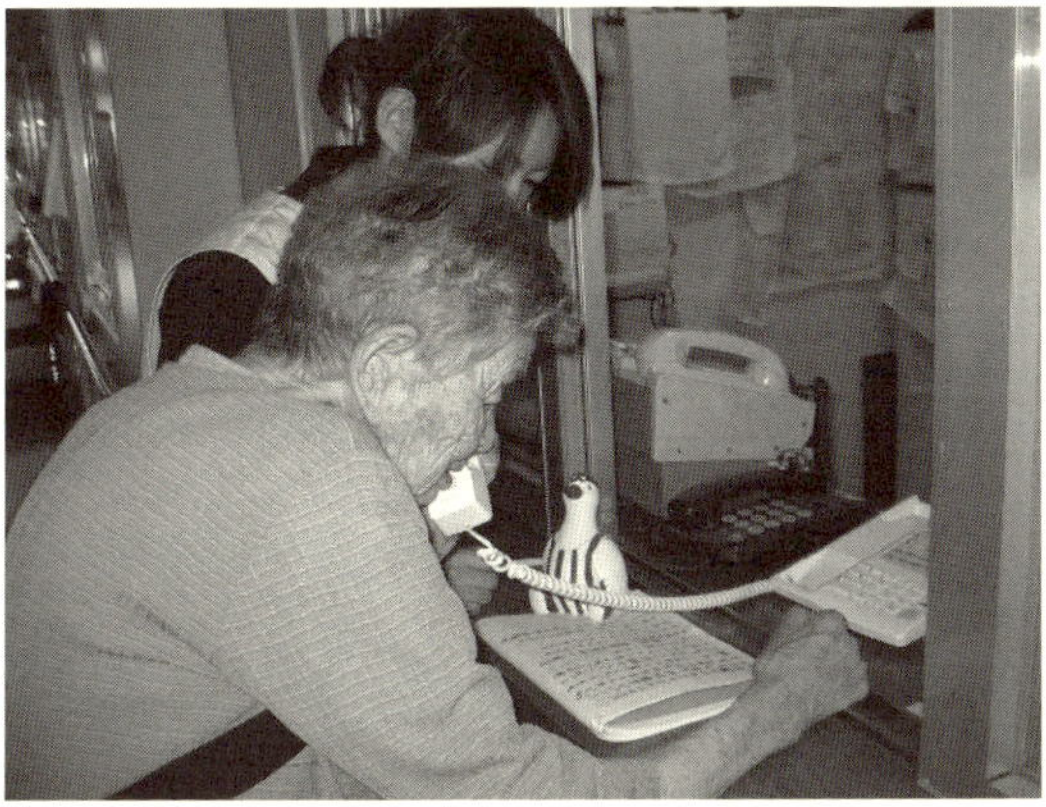

スタッフが書いた放送原稿を見ながら、館内放送をする内村さん

最初の一か月は、「昼の放送で読むのは今日だけでいいんでしょ?」なんて言っていた内村さんでしたが、少し経つと「今日もまた放送で読んでくれって言うんでしょ?」とまんざらでもない、逆に催促するような言い方に変わってきました。どうもこの頃から、「お風呂のない日には、お昼に放送する」という意識が内村さんの中に芽生《めば》え始め、館内放送が習慣化したようでした。

内村さんは、前にも言いましたように、学習療法をするまでは認知症の症状が出ると、食事を摂っているのに「まだ食事を食べてない」と言い、お風呂に入っているのに「お風呂にまだ入っていない」と言うこともありました。それがこの館内放送を始めて三か月が経った頃から、お風呂に入ったかどうかを自分でちゃんと意識して、いつの間にか今日は館内放送があるかないかも意識するようになっていきました。

当時はまだ認知症が改善されるとか、症状が出なくなるなんてことが起きるとは思っていませんでしたから、スタッフ達もこの内村さんの変化に本当に驚いて、学習療法にはすごい効果があるんだと思い知らされました。

認知症でも季節をしっかり認識

四か月後には、午前十時頃になりますと、内村さんは自分から、「今日の献立を書いてくれんかね」と自分から催促するようになりました。そしてスタッフルームの端に座り、ぶつぶつとリハーサルをするまでになったのです。介護担当が、「声に出して読んでみてください」とお願いすると、一段と大きな声で朗々《ろうろう》と読み上げました。

さらにはリハーサルと併せて、読みやすいように自分で献立メモの行間に線を引いて、予習までするようになりました。この頃には、「今日はなかなか良かったかな」とか「うーん、うまく読めんかったなー」と、自分で自分の音読を評価するようにもなっていました。

内村さんは自分の読みだけでなく、他人の読みも気にするようになっていました。実は、内村さんが館内放送を始めた頃、加藤さんという別の学習者の方にラジオ体操の始まりのアナウンスをお願いしていました。どうも、内村さんにライバル心のようなものが出てきたようで、「もう少し太い声で話したほうがいいんじゃない?」などとアドバイスをしていました。

内村さんは放送機器の使い方も覚えました。介護担当が何回か試しに教えてみたら、覚えちゃったそうです。一年後には介護担当が、「内村さん、そろそろお願いしまーす」と一声掛けるだけで、「じゃあ、そろそろ始めるかね」と自分で放送機器をセットして、放送を始めてくれるようにまでなりました。

認知症の方は、ときに自分の生活している時期や場所がわからない状態になることも多いのですが、内村さんは季節感を持ったアナウンスや、そのときの施設の行事などのお知らせまでもしっかりと伝えていました。まさに毎日、今を生きているという状況でした。

そして、この頃の内村さんは、肩掛けの小さなお気に入りのカバンに、この献立メモを入れて肌身離さず持ち歩き、入浴時には忘れずに事務所にそのカバンを預けに来るほどでした。もう認知症とは言えないような、しっかりぶりでした。

お年寄りの喜びややりがいにスタッフが大きく影響

永寿園のスタッフ達は内村さんからお年寄りの可能性を学びましたが、別の重要な学びもありました。

実は、介護担当がよくよく観察していますと、内村さんの音読のできが、献立メモの書き方や読みやすさに影響されていることに気づいたんです。内村さんは読みやすいメモが渡されると「この人は上手に書かすなぁ」と、書いたスタッフを褒《ほ》めていましたし、メモをうまく読んでいました。これがスタッフに火を付け、献立メモ作りに一段と気合いを入れるようになりました。スタッフは内村さんから、自分達の行動がお年寄りの喜びや意欲に作用することを学んだのです。「役割作り」の主役は内村さんでも、黒子として下支えするスタッフの存在がいかに大きいかをスタッフ達自身が心から感じた事例でもありました。

私と永寿園のスタッフ達は、ここでご紹介した三つの事例のようなお年寄りの劇的な変化を通じて、介護のあり方や施設のあり方をたくさん学んできました。学習療法の一つの特徴はこのような事例から学びを得られることかもしれません。

第3章

人を育てられるスタッフが「いいスタッフ」

山崎律美

「オーナーのお嬢さん扱い」をされたくなかった

私が永寿園《えいじゅえん》に入職した頃、まだ措置《そち》の時代などと言われていた介護保険制度が始まる前の話になりますが、別の管理職からこういう言葉も聞いていたんです。

「永寿園はいい施設ですよ。褥瘡《じょくそう》も作らないし、寝たきりにもしない」

褥瘡とは、寝たきりになっているお年寄りの皮膚《ひふ》が、ずっと同じ姿勢であるためにただれてしまうことです。いわゆる床ずれのことで、ひどくなると痛いし、感染症にもつながります。

この頃の永寿園では、褥瘡ができないように一日に何度もおむつを取り替え、何度もお年寄りの寝方を変える（体位交換）などして、他の施設より頑張っていました。おかげで、業界内や近所では「永寿園はお年寄りへの対応にこだわりが強くて大変そうだよ。生半可な覚悟では続かない」などという噂《うわさ》が立っていたほどです。

しかし、そんな永寿園を見て、私は本気でこう思いました。

「この施設はヤバいのではないか。このままでは二、三年後に潰れるかも」

父が永寿園を作ったのは私の学生時代の一言がきっかけ。だから、言いだしっぺとして、なおのこと危機感を持ちました。

確かに褥瘡を防ぐことも寝たきりを作らないことも大事なことですし、当時の基準としては、これが

「いい施設」でした。

問題なのは、褥瘡を防ぐといった介護技術を高めることばかりに意識が向き、自分達は「いい介護」をしていると思い込んでいたことです。これでは「自分達の介護は、もっと良くなるのでは」という考えを持てなくなります。現状に満足してしまったら、もう歩みは終わり。そこから一歩も前に動けません。当時の永寿園からは、春日園《かすがえん》で私が見てきた「可能性の追求」を感じられませんでした。

たぶん、幼少期に父から教え込まれた「人の役に立つ仕事をしなさい」という考えが染み付いているからでしょう。私はいつの間にか父の影響を受けて、疑問に思ったことをそのままにしておいたり、妥協したりするのはいかんという性分になったようです。欲張りと言えば欲張りかもしれませんが、私は現状に満足できない、気になったら我慢できない性分の人間なんです。

その性分が、ときに反感を買ったこともありました。

二十年間の公務員時代を振り返っても、ずいぶん辛い目に遭《あ》い、バッシングも受けました。ときには裏切られたと感じるような出来事にも遭いました。また、一職員として、いろんな上司にも仕えてきましたが、自己保身を一番に考える上司、新しいことをするのが面倒で部下の提案を抑えようとする上司など、中には反面教師もいました。それでも生活がありましたから、とにかく必死に働いた二十年でした。

しかし、この二十年間が、今では自分の財産になっていると思っています。まず、自分自身、上司に使われる身として働いてきた経験が、永寿園のスタッフ達の気持ちを理解することに役立っているのではないかと思います。

そして、春日園で障がい児の変化に感動し、「スタッフの成長ややる気、仕事へのやりがい」の可能性の追求を経験したことが、私にある確信をもたらしました——施設の質は、人の質で決まる。これは今も揺らいでいません。永寿園でも人材育成が急務だと思いました。

もし私にこうした経験がなく、スタッフ達から「オーナーのお嬢さん」なんて呼ばれて、チヤホヤされていたら、上から目線の見方や感覚しか持てなかったかもしれません。ですが、幸か不幸か、誰も私のことをお嬢さん扱いしませんでしたし、私自身もお嬢さん扱いされるのが嫌でしたから、そう思われないように気を付けていました。だから、浮わつくことなく、「施設の質は、人の質で決まる」を身を持って実感し、人材育成に取り組むことができました。

経営者である両親がスタッフに遠慮して改革できない

まず私が直してもらおうと手を付けたのは、スタッフの言葉遣いでした。

私が入職した当時も、スタッフはみんな頑張っていたし、とてもお年寄りに親切でした。でも、お年寄りへの接し方がどうも「上から」なのです。介護してあげる、世話をしてあげる……そんな感じでした。話すときも、「ほらぁ、またぁ」などと、入所者をまるで子ども扱い。「あなたは何様ですか」とスタッフに詰め寄りたくなることも、たびたびありました。

当時理事長をしていた父も、同じ問題意識を持っていました。でも、それをスタッフに言わないんです。スタッフへの感謝とともに遠慮の気持ちがあったようです。それで、代わりに私が叱《しか》られる。職員の態度や服装などで気になることや施設で問題があると、「指導員のお前は何を教育してるんだ！」としょっちゅう理事長室に呼び出されて怒られていました。

父にきつく言われて、「今度こそ注意するぞ」と意気込んでも、今度は母が止めるんです。母は当時、園長を務めていましたが、母もスタッフに厳しくして雰囲気が悪くなるのを気にしていたようです。私がスタッフに注意しようとすると、「そんなこと、止《や》めなさい！」と邪魔するんです。服の袖《そで》を引っ張られて、「そんなに厳しくしなくていいじゃない。もしあなたのせいで辞めたらどうするの」などと何度言われたことか……本当に困りました。

スタッフにテープレコーダーを付け、言葉遣いを確認

とは言え、このままの状態ではいけませんので、改善に乗り出すことにしました。自分達の日常を見直し、お年寄りとのやり取りを録音するために、テープレコーダーを十台ほど購入して、スタッフの腰にぶらさげました。一部の古手の職員の目には、「何を始める気なんだ」という動揺があったようです。しかし、これも「いい介護いい施設」を目指すために必要だと思い、実行しました。

録音した音声は後でスタッフ全員に聞いてもらいました。客観的に言葉遣いや会話を聞くと、自分達

がどんな印象を与えているのか感じ取ることができます。そして「どう感じたか、どうすればいいのか」を話し合ってみると、「もっとこういう言い方にしよう」とか「こういう言い方は止《や》めたほうがいい」と気づくのです。

言葉遣いは注意してもなかなか直りません。無理強《むりじ》いしてもダメ。研修や勉強会で「お年寄りへの言葉遣い」や「マナー講座」を受講しても、たいていはお金と時間の無駄になるばかりです。自分のことを客観的に見て振り返り、反省する機会がないと変わりません。そうやってようやく、日常の言葉遣いや態度そのものが介護であり、友達と話すような言葉遣いや上から目線が、どれだけお年寄りにとって耳障りかということに気づき、改善に向かうのです。

この取り組みをしてから、お年寄りを子ども扱いするような言葉遣いはなくなりました。「介護を通じてお年寄りを元気にする」という意識作りにも役立ったと思います。今思い起こすと、当時のテープレコーダーは小型と言っても重かった。スタッフには苦労をかけました。

COLUMN

「措置の時代」から「介護保険制度」へ

学習療法センター

一九九七年、介護保険法が制定されました。高齢者ができるだけ不自由なく日常生活が送れるよう、介護施設や訪問介護サービスをより利用しやすくするための法律です。この法律の理念のもとで、介護保険制度が二〇〇〇年四月にスタートしました。それ以前の高齢者介護はどうなっていたかと言うと、二つの制度によって行われていました。

一つは、老人介護制度です。かつては、行政が利用者に代わって、介護の必要性を判断し、サービスの種類や事業所を決めていました。これは「措置制度」とも呼ばれていました。この仕組みでは、施設の努力とは関係なく、役所からの斡旋《あっせん》で利用者が決まり、税金が投入されるので、介護の質に対する評価はそれほど重要ではありませんでした。

利用料は所得に応じて決まっていました(応能負担方式)。そのため、介護サービスは安く利用できる低所得者向けのもの、というイメージがありました。一方、サービス利用時には資産調査があったことから、低所得者にとっては心理的抵抗感があったとも言われています。

もう一つは、医療保険制度です。一九七三年からは老人の医療費の自己負担分が無料で、高齢者の医療費は公費で賄《まかな》われていました。ところが、これが不要な薬の処方や、不要な検査の実施など、過剰な医療サービスをもたらしたと言われています。また、治療の必要がないのに入院を続ける「社会的入院」も問題となりました。

日本が好景気だった頃は、国もこの仕組みを支えていけました。ところが、オイルショックやバブル崩壊などにより、国や自治体の財政が厳しくなると、これらの費用が大きな負担となっていきました。そこで、医療と介護を切り離し、よりわかりやすい制度とするために、介護保険制度が作られたのです。

介護保険制度によって、社会全体で介護を支える仕組みに変わりました。民間企業、NPOやボランティアなど、様々な団体組織が介護サービスを提供できるようになりました。そして介護を必要とする人は、こうした提供者と自由に契約し、必要なサービスを利用していく形になりました。もちろん、利用の際の所得調査はありません。

こうして二〇〇〇年四月から、介護施設は介護の質が求められ、高齢者や家族はその中から自由にサービスを選ぶ時代に突入しました。言い換えれば、「いい介護いい施設」を社会全体で考え、工夫し、その実現を目指す社会へと方向転換したと言っても過言ではないでしょう。

電車の中で主人とこれからの介護を議論

二〇〇〇年にいわゆる「措置の時代」が終わって、「介護保険制度」の開始が決まると、私達、介護施設は甘いことを言っていられなくなりました。

介護保険制度で、介護というものの捉《とら》え方が百八十度変わりました。「介護はサービス」であるという概念が生まれたのです。スタッフにも努力や工夫が求められ、ご家族や高齢者に「選ばれる施設」を目指さなくてはならなくなりました。

この制度の導入にあたり、厚生省(現在の厚生労働省)や自治体が主催する研修会が、あちこちで開かれていました。私もその当時事務長をしていた主人と二人で、三泊四日の研修に参加したことがあります。非常に中身が濃く、これから直面する大きな変革に強い危機感と緊張感を覚えました。

宿泊先では、二人で永寿会の計画を練りました。主人は財務や規則といった経営面を、私は介護現場のあり方を考えました。二人背中合わせで、一言も喋《しゃべ》らず黙々と取り組みました。

帰りの電車の中では、「職員の意識がまだまだ低いのではないか」と、これからの永寿会について主人と話し合いました。あのときばかりは二人とも真剣でした。

それで出た課題が、「職員をどうにかせんといかん」ということ。つまり「人」でした。いくら設備や建物を新しくしても、どんなに新しい手法を取り入れても、実践するのはスタッフです。ですから、

やはり人材育成が急務だという結論になりました。そして、主人から、
「あんた、人にやかまし言うのがうまかろう。あんたどげんかせんね」
と言われました。つまり、「あなたのほうが人にあれこれ言うのは上手だよね。あなたのほうが人材育成は合ってるね」と。

それで私が永寿会の人材育成を担うことになりました。当時から永寿会の主要なリーダーは女性が多く、私が同じ女性で、子育てと仕事を両立した経験がありましたから、男性の管理者よりもうまくリーダーシップを取れるということを主人がよくわかっていたんだと思います。

将来の主人（右）と知り合った頃の山崎園長。当時は2人とも公務員だった

でも、何から手を付けていいのかわかりません。実は、介護施設や社会福祉法人の世界では、それまで人材育成の仕組みや人事考課などの明確な方法がほとんどなかったのです。もっと根本的なところから経営のあり方、特に民間企業の最先端の人材育成のあり方を学ばねば……そう思い、大学院に入学することにしました。

大学院ではピーター・ドラッカーの経営学をはじめ、人材育成の考え方や理論を学びました。特に『非営利組織の経営』というドラッカーの著作を、本が汚れるまで何回も

③調査項目及び測定尺度

当法人の就業規則に基づく人事考課項目（業績考課2項目8要素、意欲態度考課2項目9要素、能力考課3項目14要素）に関する評価得点を調査した。その人事考課項目の総得点は500点満点である。但し、500点満点の点数配分は級により点数配分に差があるため、全体を100点満点に換算し比例尺度とした。

表2　測定の人事考課項目

考課項目分類

大項目	中項目		考課要素
【1】業積考課	（1）業務遂行成果	1	仕事の質
		2	仕事の早さ
		3	仕事の成果
	（2）組織行動成果	4	報告・連絡
		5	受命遂行
		6	報告意見具申
		7	調整・連携
		8	指導育成
【2】意欲・態度考課	（3）職務遂行態度	9	責任感
		10	協調性
		11	方針遵守度
		12	注意深さ
	（4）職務遂行意欲	13	規律性
		14	積極性
		15	自主性

山崎園長の修士論文の一部。人事考課項目をもとに各職員の実際の評価を点数化し、分析を行った

読みました。このときに、使命、組織論、人事、育成、チーム、仕事での他人の活かし方、リーダー論、成果などを学んだ気がします。これらは今でも役に立っています。

修士論文については、指導教授から「永寿会でも人事考課にチャレンジしているのだから、それを書いて欲しい」と言われましたが、「これは法人のシークレットに関わる部分ですので、書けない」と断っていました。何度かこんなやり取りがありましたが、たとえ永寿会の人事制度を他の施設が知っても、真似できないと思いましたので、結局は腹を決めて書くことにしました。テーマは、これからの永寿会のことを考え、人事考課制度を選びました。統計分析も必要でしたが、ゼミの友人に手伝ってもらい、なんとか書き上げることができました。

永寿会での人事考課表の作成は、実はこの論文を書き上げるよりも前から、既にずっと取り組んでいました。

当時、最初に取り掛かったのは、スタッフの業務項目の洗い出しです。

法人全体のスタッフに合った制度にしないと意味がありませんから、スタッフ自身に洗い出してもら

永寿会における等級と役職（修士論文より）

<table>
<tr><th>級</th><th>職位</th><th>職種例</th><th>主に必要とされる力</th></tr>
<tr><td>9級</td><td>施設長／園長</td><td>施設管理者／医師</td><td rowspan="9">総合判断力
対人関係能力
業務遂行能力</td></tr>
<tr><td>8級</td><td>副施設長／部長／事務長</td><td rowspan="3">部門管理者</td></tr>
<tr><td>7級</td><td>課長</td></tr>
<tr><td>6級</td><td>課長／係長</td></tr>
<tr><td>5級</td><td>係長／主任</td><td>OT／PTなど</td></tr>
<tr><td>4級</td><td>主任／副主任</td><td>管理栄養士／ケアマネージャーなど</td></tr>
<tr><td>3級</td><td>副主任／チーフ</td><td>各職種指導者など</td></tr>
<tr><td>2級</td><td>チーフ／中級職</td><td>看護師／栄養士など</td></tr>
<tr><td>1級</td><td>初級職</td><td>事務／介護／調理など</td></tr>
</table>

（注）この他にパート職員がいる。また、OTとは作業療法士で、PTとは理学療法士のこと。なお現在では、この表は変更されている

うことにしました。入浴や食事の介助、掃除、バイタルチェック、日報作成、送迎など、一日にスタッフがすることをもれなく記録しました。

そして、それらを仕事の難易度順に並べ、さらに仕事の中長期の目標や達成すべきポイントなども加えて整理し、人事考課表を作っていったのです。

人事考課表ができると、それに対応した役職や等級ができ、「誰が何をしなければならないか」というスタッフの責任の所在や組織のあり方が明確になり始めました。

人を育てた人が評価される仕組み

併せて、人事考課表をもとに年に二回、永寿会の中で、評価会議も行うことにしました。

理事長をはじめとする経営陣がスタッフを評価する上で大切にしているのは、永寿会では「いい介護いい施設」を目指すための人材育成をしているということです。「い

い介護」を目指してスタッフが成長し、「いいスタッフ」が評価されるようにしないと、「いい施設」にはなりません。

では、どんなスタッフが「いいスタッフ」として評価されるのかと言うと、永寿会では「人を育てた人が評価される」という考え方を採《と》っています。普通は、育った人が評価されるんだと思います。こんな成果を出した、こんなことができた、という観点で評価が上がっていくことが多いでしょう。でも永寿会では、個人としてできたことだけでは評価されないんです。

もう少し具体的に、永寿会の職能資格制度と絡めて説明します。

永寿会では、スタッフを一級~九級に分けていて、等級ごとにクリアすべき業務内容が列挙してあります。例えば、一級は基本的な介護の定型業務を表しています。最初の半年ぐらいで「他の人に聞かないでもできるレベル」を目指すような業務項目で構成されており、それが難しい順に並べてあります。どの等級でも、大体七割が定型業務で、三割が応用業

大項目	中項目	級

職務調査表(看護師・・・2級)　　看・介護課

	大項目		中項目	級
1	夜勤	1	看介護業務	看護2
2	消耗品管理	1	各種物品の発注・補充・保管・記録・整理整頓	看護2
3	日常防災業務	1	火災・防災設備(消火器・火災報知器等)の取り扱いを知る	看護2
		2	自衛消防隊任務(避難・誘導活動等)	看護2

※看護2は前期の充実させる項目に該当(介護職の1級項目)

	大項目		中項目	級
1	入所時の対応	1	入退所診察の介助	2
		2	カルテ作成(看護添書整理、熱型表等必要物品の準備)	2
		3	他部署への連絡(厨房・事務室等)	2
2	通院介助	1	通院介助(日勤・夜勤)	2
		2	看護サマリー	2
		3	通院先での病状説明	2
		4	家族への連絡(状態等)	2
		5	医師への報告	2
3	基本的看護業務	1	体重測定結果の異常の発見、今後の計画等	2
		2	バイタル測定	2
		3	与薬確認(内服、外用薬、坐薬)の指示、指導	2
		4	吸引・吸入の準備と実施(指示、指導)	2
		5	酸素吸入の準備と実施交換(指示、指導)	2
		6	熱発者への対応(指示、指導)	2
		7	褥瘡の基本的対応と予防(指示、指導)	2
		8	経管栄養(経鼻・胃瘻)の基本的な取扱いと確認(挿入指示、指導)	2
		9	体温調節の対応(室温、寝具・衣類・遮光・罨法)指示、指導	2
		10	医療器具等の消毒	2
		11	感染予防対策の実施、指導	2
4	終末看護の処置	1	医師への連絡	2
		2	家族への連絡・対応	2
		3	他部署への連絡(厨房・事務室等)	2

実際に使われている職務調査表の一部。各級でクリアすべき項目が並んでいる。この表は2級のもの

ｴ成 30　年 前期　　課業の達成目標確認表（NO 1　　　　永寿園　　　氏名

課業目標		達成目標（小項目に関連して、達成の目安を具体的に記録する）				
大項目	中項目	誰に・誰と	何を	何時・何時までに	どうする	達成項目を左記の項目に分けて表現できない場合に記載す
			利用者の名前を各階の業務の流れを	4月中旬までに	利用者の名前を覚え各階の業務の流れを理解し、業務を遂行する	1階：3月中旬までに　1階の業務の流れを理解し 2階：4月中旬までに　2階の業務の流れを理解する
2	1	利用者の	日勤の通院介助を	5月下旬までに	一人で行う	
3	2	利用者	バイタル測定を	4月中旬までに	一人で測定でき、リーダーに報告できる	状態変化等の報告も含め
3	3	医務室で	与薬確認（準備・確認）を	前期までに	一人でできる	
	7	利用者	褥瘡の基本的と対応が			

達成目標確認表（上）は、目標をより細かく、より具体的にするための用紙。大項目、中項目は前頁の「職務調査表」と対応している。能力開発カード（右）には、目標、自己評価、上司による評価が記される

能力開発カード

課業（職務基準）とその達成度

平成 30 年度　後期の目標　　　　　氏名

課業			達成度評価		
番号	課業内容	達成目標	自己評価	上司評価	評価者
1	各階の利用者様の名前を覚える	利用者の名前を覚え各階の業務の流れを理解し、業務を行うことができる	A B C D E	A B C D E A B C D E A B C D E	
2	基本的看護業務	バイタル測定を一人で測定でき、リーダーへ報告できる	A B C D E	A B C D E A B C D E A B C D E	
3	基本的看護業務	与薬確認を準備・確認を一人で行うことができる	A B C D E	A B C D E A B C D E A B C D E	
4	基本的看護業務	褥瘡の基本的対応を一人で行うことができる	A B C D E	A B C D E A B C D E A B C D E	
5	基本的看護業務	経管栄養の基本的な取扱いと確認が一人で行う	A B C D E	A B C D E A B C D E A B C D E	

務になっています。この項目は、永寿会のリーダー全員が意見を出して決めたものです。

新人さんの教育係は、リーダーや上級スタッフみんなが交代で務め、その日の教育係と新人さんは二人とも毎日、ＯＪＴ（オン・ザ・ジョブトレーニング）の記録を付けます。この記録は、各チームリーダーを経由して、施設トップまで回るようになっています。そして、常にＯＪＴを行って、「他の人に聞かないでもできるレベル」に達してもらうのです。

二級に進級すると、小さな範囲のリーダーとなり、業務を担ってもらいます。今度は三～五年くらいでクリアするような業務項目が並んでいます。その上で、「人を育てたか」という点も評価の対象になります。つまり、二級の人は一級の人を育てて初めて評価されるということです。いかにリーダーシップを取れたかが問われるわけですね。

評価は、まず上司とスタッフが面接をして、定期

考課者会議 NO1

H14、3（13年度下半期）

①部下育成の場面での権限の委譲の限度を部下と明確にしておく
②部下の性格等を見極め面接で目指す方向を上司と部下が共有することが必要ではないか（リーダーシップが苦手だが狭い範囲の定型的業務には精通できるタイプの部下の育て方・・・スペシャリストかゼネリストか）
③実績には時間コスト換算も対象とすべきではないか（仕事に懲りすぎて時間をかけるケースの指導方法）
④調理職の上位級に業者との対応を課業として追加すべき（配達された食材の品質に問題がある場合、栄養士が不在の場合その責務をはたすべき）
⑤コミニュケーションの評価の基準を明確にすべき（評価者の主観に陥り易い問題点ではないか）
⑥業務の範囲が狭い業種（調理職）の場合、調理職としての技術の良し悪しが評価のウエイトを占めがちになるが法人の人材育成の方針（上位の業務を下位がOJTにより短期間に習熟する）にそった職務調査表の作り方と評価の視点の醸成が調理職全員に必要ではないか
⑦「以前に比べて・・・」の表現と評価についてその時期の採り方を明確にすべき
⑧モチベーションの低い者の評価の視点は「すべきことが出来るか」を見る
⑨存在感が薄く業務遂行が見えにくい者の評価は数値化による達成目標を双方（評価者・被評価者）で確認しておくべきではないか
⑩気持としてやらなければならないことはわかっているが方法がわからない者がいる。特に勤務年数が長いが実績が見えてこない者も⑨の方法を使って育成してはどうか
⑪出来てあたりまえでCの評価とし、別の評価者は「今一つ」で何故Cか。D評価ではないのか。評価者にズレが生じている、統一すべき

第1回考課者会議のメモ。項目の11番を見ると、評価のズレを問題にしているのがわかる

的に自分の目標を立てていきます。それを定期的に評価して、すり合わせしながら、次の達成すべき業務項目へと進むようにしています。

その評価の中で、最も大事にしているのが経営や幹部クラスによる考課者会議です。永寿会では介護保険制度が始まった二〇〇〇年から、この会議を年二回必ず実施してきました。もちろん、私も参加します。二日間カンヅメになるので、なかなか大変です。

会議は一次、二次、三次とあり、百名近い永寿会のスタッフ全員のことを俎上《そじょう》に上げて、各スタッフがどこまで育ったのかを確認します。一次考課者は係長、二次考課者は課長で、それぞれが部下のことをプレゼンテーションします。そして三次考課者は理事長と私、そして部長です。

このやり方では、係長と課長で、同じ部下の評価が異なることがありますが、それはそれで構いません。なぜなら、この会議の最大の目的は、人の評価基準について、その評価軸のブレをなくすことだからです。議論を通じて、評価の考え方をすり合わせながら、少しでも納得して、次につなげる決め方を目

指します。経営トップである理事長にも参加してもらいますので、法人全体の人の評価基準や価値観をすり合わせることができるのです。

中には部下をよく見ておらず、正当な評価をしていないリーダーもいます。私はよく施設をうろうろしていますから、ときに係長や課長が把握していない部下の様子を知っている場合があります。そういうケースがあったら、私なりの意見を出して、参考にしてもらうようにしています。この会議はリーダーを育てる場でもあるのです。

また、考課表を見ながら、「このポストが空いている。そこを埋めるスタッフを育てないとダメだ」といった人材育成の方向性についての議論もなされます。

学習療法が人材育成に使えそうだと感じる

二〇〇〇年に介護保険制度が始まり、永寿会の職能資格制度が動き始めた頃、時を同じくして学習療法の共同研究も始まりました。

学習療法でお年寄りに効果が現れることは、春日園での経験から確信していました。

「あの重度の障がい児にもできたんだから、認知症のお年寄りにもきっとできる」

そう信じていました。もちろん、前頭葉《ぜんとうよう》や作動記憶とか、専門用語はわかりません。でも、川島《かわしま》教授との研究はすーっと頭に入っていきました。

その結果は、前章でお伝えした通りです。認知症は改善しないと一般的に思われていた中、様々な奇跡がお年寄り達に起こりました。

その一方で、別の奇跡も起こりました。スタッフの変化です。当初は「学習療法って何?」と訝《いぶか》ってスタッフも、いざお年寄りの変化を目の当《ま》たりにすると、「わーできらすやん(あっ、できるじゃないですか)」と驚いて、感激していました。

私のところにも「大変です!」と興奮したスタッフが駆け込んできて、

「あの○○さんがしゃべらすようになってきたんです」

「認知症の方が自分で字を書いたんです。驚きました。もっと学習したいと言われてます」

「自分のことを自慢して、元気になる方が出てきました」

と驚きと感動を次々と口にしていました。

しばらくすると、「あの人が学習したら、どうなるのだろう」という声もスタッフから出始めました。明らかにスタッフの中で、お年寄りの変化に対する期待感が膨らんでいました。

この変化は私の予想をはるかに超えていました。大体、人材育成のための工夫をいろいろしても、なかなかスタッフというのは変わってくれないものです。これまで苦い経験を嫌というほどしてきましたから、本当にびっくりしました。と同時に、学習療法は人材育成にも使えるのではないかと感じ始めました。

人を育てられることと、お年寄りを元気にすることの共通点

評価のところでお話ししましたが、永寿会では、人を育てることのできる人、つまりリーダーシップの取れる人材を育てることを目指してきました。その後の学習療法の共同研究の中でも、スタッフがお年寄りの可能性を追求するには、こうしたリーダーシップの取れる人材が重要だと感じてきました。

というのも、部下や後輩の可能性を信じ、一人ひとりに合った指導をして育てていくことは、お年寄りの可能性を追求し、お一人おひとりのできることや、役割を考えながら元気にしていくことに相通じるものがあるからです。端的に言うと、人を育てられるスタッフは、お年寄りを元気にできるということです。

ただ、お年寄りにどんな隠された能力があるのかを誰も教えてくれません。学習療法でのコミュニケーションでお年寄りのことを深く知った上で、自分の頭を使わないと知恵は出てきません。だから私は、いつもスタッフに言っています。

「『役割作り』や『役割探し』に教科書はない。教科書は自分達で作るつもりで、カラカラの雑巾《ぞうきん》をさらに絞るように、ない知恵を出しなさい。この人にはどういう役割を見つけたらいいのか、どんなことをやってもらうべきなのか、よく考えて介護しなさい」

カラカラに乾いたように見える雑巾でも、実はそう思い込んでいるだけで、絞ってみたら水が出てくるかもしれませんよね。介護も同じです。スタッフには、そういう思い込みを捨てて、お年寄りに接して欲しい。思い込みは可能性の追求の妨げになります。

私がこうして口を酸っぱくして言っていると、スタッフのほうから「この人はどんな人生を送られてきたのか」なんて声が出てきます。バックグラウンドアセスメントという、そのお年寄りの過去を知って介護する手法ですね。こうやってスタッフが自分で考えて、自分で答えを見つけ出し、個々に合った介護を実践してお年寄りが元気になれば、スタッフのやりがいや喜びにつながっていきます。そして同時に、人を育てられる人、リーダーシップの取れる人材にも育っていくのです。

もちろん、中には合点がいっていないスタッフもいます。見ればすぐにわかります。

例えば、館内放送で献立のアナウンスをしてもらうのがいいと聞いたら、全員にやってもらおうとするのです。「おいおい……」と呆《あき》れてしまいます。「誰でも彼でも同じ方法で」では「オーダーメード」、つまり、個人別の介護になりません。これはノウハウや手法といった、表面的な部分しか目に入っていない証拠です。心の中で違うんだなぁと思いながら、

「あなたは、この人のことをどんな人だと思う？　ほんとは、何が好きなんやろうか」

と水を向けてみます。答えは決して言いません。ああしろ、こうしろと指示もしません。まして、けなすようなことはしません。できないことがあっても、壁にぶち当たっても、そこでけなしたって何の足しにもなりません。人を育てるために、減点法は何の益にもならないのです。

自分で答えを見つけて感動し、すごい変化や素晴らしい価値に気づけるように促《うなが》すのが最善です。

こうした取り組みを続けていたところ、スタッフ達が嬉《うれ》しいことを言ってくれました。

「山崎園長、私達のやっていることは、間違っていませんよね！」

それは私の顔を覗《のぞ》き込み、強く、そうだよという答えを要求するような言い方でした。そこには、スタッフ達の自信ややりがいが表れていました。

私はこれまで人を育てた人が評価されるという考えで、人事制度作りや人材育成に取り組んできましたが、この言葉のおかげで、スタッフ達の自信につながり、能力が高まるということに対して確信を深めることができました。そして、目指すべき人材育成を進めることができたと思っています。

「いい介護」に活かせる学習療法の基本

学習療法を実践する上での基本は、私達、永寿会が「いい介護」を目指すための格好の研修材料にもなっています。その学習療法の基本とは次の三つです。

一つ目は、コミュニケーション力です。介護ではお年寄りの気持ちや現在の状況を知ることが大切ですが、書類だけでは、なかなか見えてこないものがあります。まして、本人の気持ちが書かれた資料などありません。ですから、本人から聞き、感じ取るしかないのです。ここでスタッフのコミュニケーション力が問われるわけですね。

学習療法では、二十分間の学習とコミュニケーションを基本毎日しますから、目の前にいるお年寄りの生きてきた歩み、趣味、今の気持ちなど、いろんなことを知ることができます。それが次のやり取りにつながり、スタッフはどんどんお年寄りとのコミュニケーションがうまくなります。

また、コミュニケーションがあまり得意でないスタッフが、学習療法を通じて成長するということもわかってきました。後で事例をご紹介しますが、まさに「習うより慣れろ」なのです。

人材育成と聞くと、つい資格や技術の話になりがちですが、それだけでは必ずしも十分ではないと長年の経験で気づきました。「いい介護」をするには、お年寄りのことを深く知る力が大事なんです。それがその方に合った介護につながって、お年寄りを元気にし、やる気にさせます。つまり、介護はコミュニケーションから実現するものなのです。

観察ができないと気づけなくて、正しい記録を付けられない

二つ目は、観察力・気づき力で、三つ目は記録力です。

読者の皆さんも、病院の看護師が詰め所で記録を取っているのを見たことがあると思います。介護の仕事でも、記録はとても重要です。そして、この記録力は二つ目に挙げた観察力や気づき力と密接に関係していますので、まとめてご説明します。

長い間、私はこれらの力を引き上げるにはどうしたらいいか悩んでいて、ある日、介護記録について

リーダーの一人に尋ねました。

「この介護記録だけど、学習療法の日報のようにもう少しレベルを上げられないかなぁ」

すると、そのリーダーはこう答えました。

「そうですね。でも、レベルを上げろと言われても、日常の介護で観察して気づいていないスタッフはどうやっても記録も書けないですよね」

そう言われて「確かに、そりゃあそうだよな」と、改めて記録力を高めるには、観察力が必要だと実感した覚えがあります。

スタッフの観察力が、お年寄りの命を救った

では、観察力・気づき力は、鍛えれば身に付いていくものなのでしょうか。

私の中で、この疑問へのこだわりや挑戦が始まりました。当初はなかなか効果的な研修も見当たらなかったのですが、学習療法でお年寄りの小さな変化に気づけるほど、スタッフの観察力が高まることがわかってきました。なぜかと言うと、同じお年寄りの方と継続的に、そして頻繁にコミュニケーションすることになるからです。

何度もお伝えしているように、学習療法では二十分もスタッフ一人に対してお年寄り一人もしくは二人の形式でお年寄りと向き合い、学習やコミュニケーションを行います。

しかも、単発で終わるわけではありません。ほぼ毎日連続して行います。学習療法を行っていない一般的な介護施設では、介護スタッフは忙しすぎて、こんなことは絶対にできません。せいぜいお一人おひとりに丁寧な挨拶をするくらいしかできないのが現実です。

しかし、だからこそ学習療法でそのお年寄りお一人から得られる情報量は膨大で、回数を重ねるごとに相手のことが深くわかり、小さな変化や違いにも気づきやすくなるのです。

あるとき、こんなことがありました。

学習療法をしている認知症高齢者が、ある日急に乱雑で読めない字で自分の名前を教材に書いたり、普段しないような計算の間違いをしたりしたことがあったんです。

「あれ、この方は、今までこんなに字が汚くなることはなかったのに、どうしたのかな。計算も突然に間違えたりして……おかしい」

異変に気づいた学習療法スタッフが看護課長に連絡し、お医者さんに診断してもらったら、なんと脳《のう》梗塞《こうそく》！　すぐ治療したおかげで、この方は助かりました。日々しっかりと観察し、コミュニケーションしてきたからこそ、ちょっとした変化にも気がついたんですね。

しっかりと観察ができ、気づきがあれば、正確な記録を付けることができます。学習療法ではお年寄りの様子やスタッフとのやり取り、お年寄りの小さな変化などを記録することになっています。ここで身に付いた力は普段の介護においても、日報や報告書で活かせるでしょう。

介護施設の運営というのは、介護のレベルを上げていくということと、スタッフ、人が育っていくという二つが並行して動いていきます。介護の質の向上と人材育成が相互に関係し合って動いていくんですね。要するに、施設の中の活動としては、学習療法を活かして、お年寄りとスタッフの可能性の追求を同時に挑み続けるということです。

これは本当に難しいものです。少し進んだかなと思っても、また後退……そんな行きつ戻りつの繰り返しです。時間とエネルギーがすごくかかりますが、とにかく粘り強く諦めないことが一番大切だと思います。

リーダー育成が施設の質に大きく影響する

本章では人材育成を中心にお話ししてきましたが、その中でも大切なのは、リーダー育成です。リーダーの存在は介護施設にとって影響が大きく、いかに施設の中に次のリーダーが育っているかが、結局は介護の質や施設の質、そして、その将来にも影響するからです。

介護現場におけるリーダーというのは主に現場の管理者のことです。私自身もこれまで長年にわたり管理者を務めてきました。そのため、現場の管理者がよく陥りやすい問題点も見てきました。例えば、

・目標達成の基準を設けないし、その結果に対して責任を取らない
・部下の育成を怠《おこた》っていて、やる気を起こさせない（褒《ほ》めない・叱《しか》らない・指導しない）

・問題にこだわりすぎて、目的を見失う
・部下の実務能力を過信して、任せすぎる

などのケースです。

なぜこうした問題が起きるのかを考えてみますと、その管理者の中に、まだリーダーにふさわしくない性質が残っていることが多いからではないかと思います。

例えば、「自己中心的(スタンドプレー)で部下の問題に理解を示さない(自分の物差しで部下を見てしまう)」とか「抽象的な業務や介護や考え方や方法を、自分の部下に対して具体的な問題に置き換えてコミュケーションできない」などの問題があるように感じます。

他にも、一流主義と言いますか、いつの間にかスタッフ達が「自分の施設はできている」「『いい介護いい施設』がもうできている」と思い込んでしまうと、そういう施設はきっと表面的な見てくれにこだわるような体質ができてしまいます。

また、保守的な体質、例えば、「今までやってきたことを簡単に変えきれない、変えたくない」という体質になりますと、これは何をやっても、もう絶対に前に進まない施設になってしまいますし、権威主義というものにも注意しておかないと、いわゆる「冠」に弱い、すなわちイエスマンのリーダー、管理者を作り出してしまいます。

リーダーや管理者が形式主義になっていきますと、「印鑑を押すことが自分(リーダーや管理者)の仕事だと思っている」、つまり「私がいいと言わないとダメですよ」というおかしな雰囲気になります。

減点主義の管理者の場合には、いつも部下の問題点ばかり見ようとするために、殺伐《さつばつ》とした雰囲気になってしまいます。

問題なのは、もしこういったリーダーが施設内にいたとしても、すぐに頭ごなしに伝えたからと言って、改善するとは限らないことです。だからと言って、リーダーや管理者の問題が解決しないままでは、介護現場の体質にも悪い影響が出てきてしまうので厄介《やっかい》です。

望ましいリーダーとは、客観的にチームを眺められる人

私は望ましいリーダーの役割を、以下のように考えています。

・職場のメンバーの意識を高めて仕事の効率を上げる
・組織の目指すものを常に中心に捉えて、そこへの意欲を引き出す
・常に洞察力や観察力を使って、常に問題意識を持つ

つまり、介護現場におけるリーダーとは、「これで本当にいいのかな」という疑問を持って、ときには、外部やチームの外から客観的に自チームを眺めることができる人材だと考えています。

そのようなリーダーを育てるには、まず、「人を育てた人」が評価される仕組みとその価値を施設で共有することです。その上で介護スタッフには、定型業務から始めて、だんだんと高度な業務を覚えてもらい、やがてメンバーからリーダーへ、そして、管理職見習いから管理職へと自分の責任を大きくし

てもらいます。そうやって、一歩一歩成長して、「他者を育てる」という気持ちの余裕や懐の深さを持ってもらうことです。

要するに、人間性が育っているか、人としての成長をしてくれるかどうかということです。スタッフの人間性が成長しているかは、普段の仕事をしているときの表情や仕草、立ち居振る舞い、人の話を聴く姿勢や語る姿に出ますから、すぐにわかります。

これまで何度も申し上げてきた通り、私は人材育成を第一に考え、施設のトップとしてスタッフが成長するために何をすべきかを考え続けてきました。一人でも多くのスタッフが成長し、人を育てられる素晴らしいリーダーへと育っていってくれることは、施設にとって大変良いことですし、私にとっても何よりの喜びです。

事例1

学習療法を活かした新人育成

お年寄りと話が続かない新人さん

永寿会では、当初、基本的には、一人前になったスタッフから順番に学習療法の担当になってもらっていました。特に最初は、あるレベル以上のコミュニケーション力を身に付けた介護スタッフでないと、学習療法の成果も出ないのではないかと心配していたからです。

ところが、永寿会の介護施設全体で学習療法を始めてみますと、新人さんだけでなく、一対一でお年寄りと話した経験が少なく、コミュニケーション力が身に付いていない介護スタッフが多くいることがわかったんです。

私はしばらく悩みましたが、思い切って新人さんやコミュニケーションが苦手なスタッフも学習療法の担当にしてみることにしました。学習療法の実践を通じてＯＪＴをしながら、コミュニケーション力を付けさせる試みです。どうなるかわかりませんでしたが、やってみることにしました。

その一つの例として、ある新人Ａさんと、Ａさんが普段介護しているお年寄りのＢさんの事例をご紹介したいと思います。

Aさんは、日常的なコミュニケーションが得意ではありませんでした。

例えば、AさんとBさんのある朝のやり取りでは、「おはようございます。今日はいい天気ですね」とAさんが挨拶《あいさつ》し、Bさんが「そうだねー」と答え、始まりは良かったのですが、お年寄りとのコミュニケーションが苦手なAさんは、この後Bさんに何を言っていいのか、わからないんですね。何を話題にすればいいのかもわかりません。ましてや、少しでも苦手なタイプのお年寄りだと、もう本当に難しそうです。だんだんBさんとの間に沈黙が多くなり、二人は気まずい雰囲気になっていきます。

教材とバックグラウンドシートで話題作り

それを見ていた同じ学習療法チームの先輩は、Aさんにこう言いました。

「じゃあ、次回からBさんの学習療法の支援をあなたがやって、その中でコミュニケーションしてみましょう」

と提案しました。

このBさんとの学習では、音読教材を終えてからのコミュニケーションの時間で、教材に書かれていた一九七〇年の大阪万博の話で盛り上がりました。Bさんは大阪万博には行ったことがないようでしたが、万博のシンボルとして作られた太陽の塔などの記憶はあるらしく、興味がありそうでした。

「そうか、昔のことなら話が盛り上がるのかもしれない」

そう考えたAさんは、Bさんのバックグラウンドシートを持ち出してきて読んでみました。すると、そこにはBさんが昔やっていた職業（材木屋さん）の話が載っていました。

次の日、材木屋さんの話題を出すことを念頭に置いて、Aさんは学習療法に臨みます。

「Bさん、今日は天気がいいですね。Bさんは天気のいい日は何をしていましたか」

「天気のいい日は、働いていたよ」

「材木屋さんをされていたとお聞きしましたが、忙しかったでしょうね」

「あんた、よく私のこと知っていたね。材木を運んでいましたよ。仕事しないといけなかったから」

このように、今度は会話を以前より長く続けることができました。

そのお年寄りのことを深く知れば、過去の生活や記憶から会話のキャッチボールができるようになります。特に、認知症のお年寄りは、今日の出来事や身近な人のことなどから記憶を失っていきますが、昔のことはよく覚えています。また、学習療法の教材は、過去の出来事などを題材に使っていますから、それをもとに認知症のお年寄りとお話を広げることもできます。

後日、Aさんは次のように振り返っていました。

「学習療法は、ゆっくり二十分間お話をする時間がありますから、いろいろ模索しながら会話ができて、コミュニケーションにも少し自信が持てました」

たとえ新人でも、お年寄りを深く知り、コミュニケーションを連続して行うことで、自分に力が付いたことが実感でき、自信が持てるのです。これが人材育成における、学習療法の効果的な活用方法の一つだと言えるでしょう。

スタッフはお年寄りから生き方も学んでいる

学習療法で成長を実感するのは、新人Aさんのようなコミュニケーション力だけではありません。スタッフ達は、お年寄りの経験を知ることで、人との接し方や生きるための知恵など、生き方や人生観も学んでいるようにも感じます。

普段から食事やお風呂、トイレなどの物理的なお世話をし、お年寄りと接してはいるんですが、しっかりと一対一でお話をする機会はほとんどないために、学習療法でのコミュニケーションがスタッフの大きな学びと成長につながっています。

私は学習療法を体験したスタッフから、

「むしろ自分達が学習療法によって成長させてもらったなと思います」

といった言葉をよく耳にします。

スタッフ同士だけでなく、学習療法で施設の中の人と人が影響し合っているのです。

スタッフ
インタビュー

学習療法が教えてくれた「なぜ」を大切にする介護

中島宏子（永寿園）×学習療法センター

「いい介護いい施設」を目指して学習療法を活かし、人材育成にずっと力を入れてきた永寿園。「スタッフを育てることのできるスタッフが評価される」という評価制度の視点と、「学習療法を活かしたチーム作り」を時間をかけて、根付かせてきました。

そのかいあって、「簡単には辞めてしまわず、介護という仕事にやりがいを持ってどんどん自己成長してくれる人材」、つまり、「いい介護いい施設」を実現するために不可欠な「いいスタッフ」がたくさんおられます。

中島宏子さん

今回インタビューに応じてくださった中島《なかしま》宏子《ひろこ》さんも、そんなスタッフの一人です。

中島さんは、永寿園で学習療法が導入された頃に入職され、お話を伺った時点では、人生の約半分を永寿園でのお仕事に費やされてきたそうです。つまり中島さんは、永寿園の学習療法や人材育成の歩みを肌で感じてこられたベテランの介護士なのです。

これまでは山崎園長の視点で学習療法や永寿会のことを見てきま

した。ここでは、中島さんの軌跡を辿《たど》りながら、スタッフの視点でそれを振り返ってみたいと思います。

親の反対を押し切って介護の仕事へ

――中島さんはいつ永寿園に入職されたんですか。

中島　二〇〇〇年四月に介護職としてこの永寿会に入職しまして、そのときが社会人一年目でした。当時、私は介護士一年目として特別養護老人ホームの永寿園に配属され、社会人のスタートを切りました。

――この仕事を選んだきっかけは？

中島　私は、中学生のときから介護の仕事に就きたいと思っていました。中学生のときの職場体験での実習が楽しくて、お年寄りのお世話をする仕事をしたくて福祉の高校に進んだのを覚えています。

当時は高校を卒業してすぐに就ける介護職の求人がほとんどなく、担任の先生からも、「就職するなら、別の職種のほうがいい」と言われました。

でも私は、どうしても福祉の道に進みたかったので、履歴書を持って福祉施設をいくつも回りました。「高卒は採用していない」と次々に門前払いを受けましたが、永寿会は試験を受けさせてくれました。

――ずいぶん意志が固かったんですね。

中島　本当に介護の仕事に就きたかったんです。当時、親からも反対されていましたよ。「そんな甘い仕事ではないし、楽しいことばかりでない」と。でも私は「それでもやる！」と思っていました。一度決めたら、考えを簡単には変えない性格なんです（笑）。

――実際に介護のお仕事をしてみて、どうでしたか。

中島　最初は慣れないことばかりで、一から仕事を覚えるのに必死でした。それから、記録や報告などの仕事が多くて、内心、「お年寄りの役に立ちたくて入職したのに……」と感じていました。そして入職の翌年には、老人保健施設「ふれあいの里 道海《どうかい》」に異動になりました。

――学習療法と出会ったのはいつですか。

中島　二〇〇一年九月に永寿会に、「認知症高齢者の脳機能の研究」として学習療法が導入されたんですが、当時、私は学習療法スタッフにはまだ選抜されていなくて、介護スタッフとして外から学習療法を見ていました。

――外からですか。

中島　そのときの学習療法の印象は、「私には関係ないもの」という感じでしたね(笑)。ですから、どういうことをしているのかわからないし、学習療法ってどんな中身でどんな効果があるのかなぁと、ただ横で眺めている感じでした。

――それが突然、学習療法スタッフに?

中島　二〇〇二年四月に突然、学習療法チームに行くよう言われました。前任の方が退職されたんです。その日から、学習療法スタッフとしての研修を受け、すぐに実践することになりました。学習療法の目的や理論、そして支援の流れなどを理解して、一人でお年寄り相手に学習支援ができるように何度も何度もスタッフ相手に練習しました。

このときは学習療法に関心がないどころか、仕事を辞めようか思い悩んでいた頃でした。例えば、書類作りが多くて、「私はこのために来たのでない」と思っていました(笑)。

学習療法のことも、「頭の体操?　それは意味があるんだろうか。介護の現場はこんなに忙しいのに……」といった感じでした。学習療法をするために、介護現場から自分一人が抜けることの後ろめたさもありましたね。

――学習療法をやってみていかがでしたか。

中島　始めて一か月くらいで、お年寄りが学習療法を心から楽しんでくれることを実感しました。他の誰かと楽しく会話することが、お年寄りにとってとても大切な時間だったんです。それまでの私は、お年寄りのことを実はよくわかっていなかった。

「なぜ」「どうしたら」を考えながら介護する

——その後もしばらくは学習療法のスタッフを？

中島　そうですね。その後も学習療法を担当し、たくさんのご利用者の学習支援を実践しました。

高齢者の学習を支援している中島さん（左）

二〇〇五年四月には、私の施設内の役職はチーフになりました。当時ちょうど、東北大学の川島先生や公文との学習療法の共同研究が終了し、永寿園の中で学習療法の導入が本格的に広がり始めた頃で、私の中で新たに「こうしたい」という気持ちが芽生《めば》えてきた時期でもありました。

——どんな「こうしたい」だったんですか。

中島　もっと重度のお年寄りにも学習療法をしてもらおうと、山崎園長や他の介護スタッフにも提案をして、寝たきりに近いようなお年寄りにも学習療法を試みました。

——試みはうまくいきましたか。

中島　最初、重度の高齢者の方に学習療法をしていただくのは、簡単なことではありませんでした。やっぱり拒否されたり、教材内容が難しすぎたり、字が小さすぎたりして、つまずきもありました。でも、「なぜうまくいかないのだろう」「どうしたら意欲を持ってもらえるのか」などと考えながら、そのお年寄りのことをもっと深く知ろうと、一番合った言葉掛けや対応の仕方をいろいろと試してみました。学習療法だったから、それができたんだと思いますし、続けるうちに普段の仕事でも、だんだん考える癖、疑問を持つ癖がつきました。

——例えば、どんな疑問ですか。

中島　最初に感じた疑問は「なぜ施設での介護を嫌がったり、拒否したりするお年寄りがおられるのだろうか」でした。

学習療法スタッフになってから、お年寄りに向き合って毎日二十分間、学習療法の教材を使ったコミュニケーションをするまでは、正直、自分が日頃介護している目の前のお年寄りの方の心の中やその行動の意味まであまり考えていませんでした。ただただ、お世話していたんだと思います。それが学習療法をきっかけにして、理由を考えるようになっていきました。

――どうして、そういう疑問を持つようになったんでしょう。

中島　それはきっと、楽しく、明るくコミュニケーションすることで、少しずつその方のことがわかるようになってきたからだと思います。

お年寄りと一対一で向き合って、楽しくコミュニケーションするのが学習療法ですから、自然と目の前のお年寄りの気持ちや行動の理由など、これまで日常的な介護をしていても気づきにくかったことまで見えてきたんだと思います。

――日常の介護にも変化があったんですね。

中島　学習療法に出会うまで、私にとっての介護は、基本的な技術をしっかりと身に付けて、心を込めてお年寄りをケアする「表面的な介護」だったように思います。

それがいつの間にか、「なぜ」「どうしたら」という疑問を持ち、観察や気づきを通して一人ひとりの介護の仕方を考えるようになりました。そして、お年寄りの役割を探し、役割を作るといった「自立支援に向けた日常ケアの仕方」につながっていきました。

このことは二〇〇五年十一月に、永寿会で今では毎年行われている「実践研究発表会」の第一回目で発表しました。「お年寄りを一人ひとり観察し気づきを持つことの大切さ」をテーマに、それまでの個々のお年寄りの学習事例からの観察や気づきを、学習のビデオや学習記録をもとにまとめました。

学習療法から学んだことが、介護スタッフとしての私の成長にとって一番大きなものだったのではないかと思います。

学習療法への理解不足から、チームに「溝」ができた

――順調に成長しているという実感はありましたか。

中島　それがそうでもなくて……。二〇〇六年四月に副主任になったんですが、その年の十二月頃でしょうか、チーム内の介護スタッフと学習療法スタッフとの間に溝を感じていました。やはり日々の介護の仕事の忙しい中、学習療法をやり切ることの意味がよくわからず、協力体制が取りにくくなっていました。そのため、一部の介護スタッフの学習療法への理解が足らなかったんだと思います。

私自身が学習療法を通じて感じてきたような「日常の介護や目指す自立支援に活かすために学習療法を実践する」という目的が、介護スタッフのメンバーにまで伝わっていなかった。

――どうやってその「溝」を埋めようとしたんですか。

中島　最初は、介護スタッフに学習療法を実施するお年寄りの誘導を任せることにしました。そして、学習する部屋に高齢者を誘導し座ってもらったら、学習しやすいように机と椅子の距離を調整するのも介護スタッフにお願いしました。

こうして学習療法に触れる機会を増やし、慣れてきたら日頃介護しているお年寄りが学習している様子を観察してもらい、どう感じたのか尋ねてみました。そして次の段階として、学習療法を体験してもらう研修を実施しました。

特に入職して一、二年目などの新人スタッフには、私自身が学習療法の研修を行い、学習療法を実践してもらいました。私自身がかつてそうだったように、学習療法の意義や目的を見出すのは、自分で実践して観察し、気づきを得ないと難しいと思います。

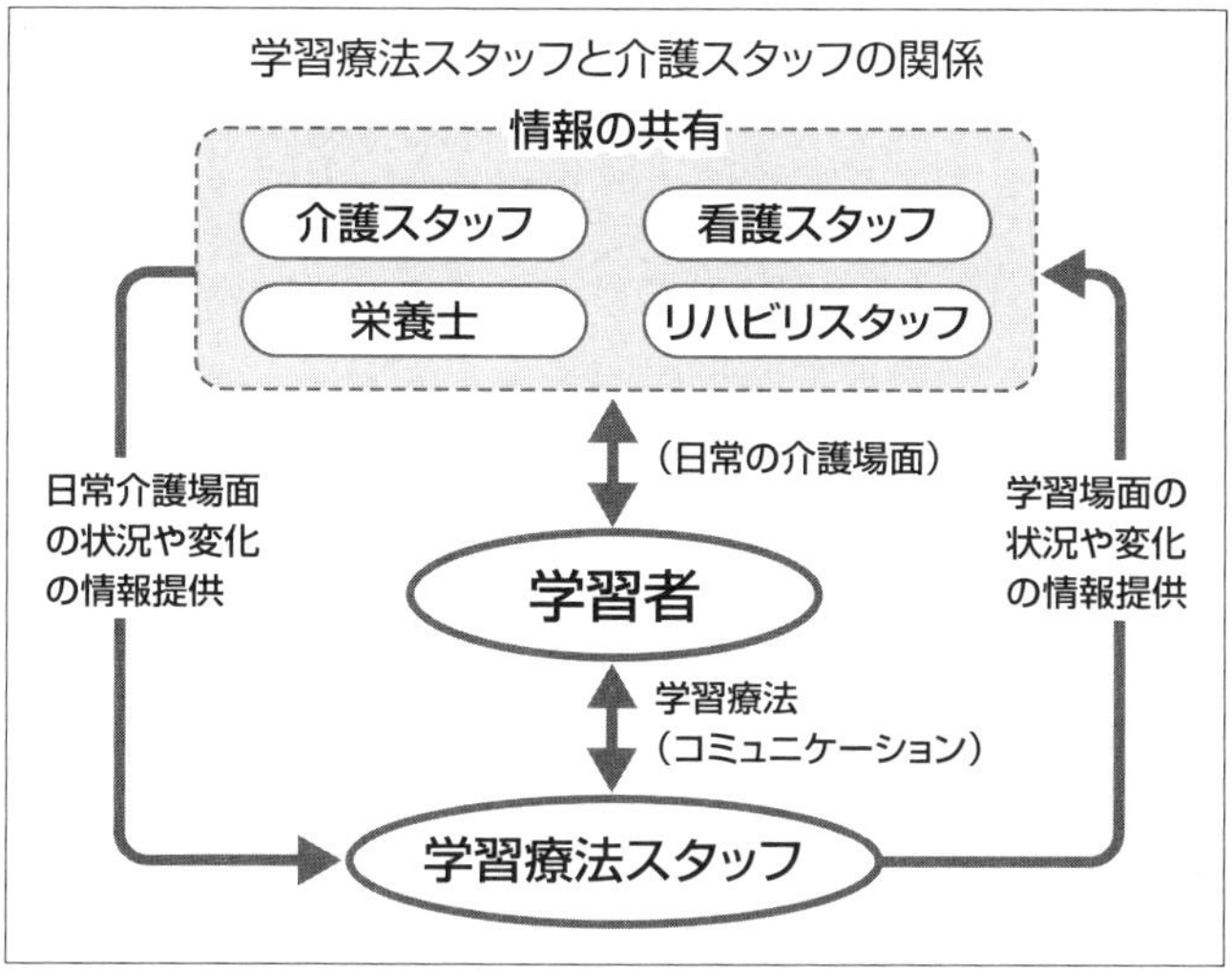

——NHKスペシャルの取材が永寿園に入った頃ですね。

中島　はい。NHKスペシャルの取材でカメラマンや取材班の人達がずっと永寿園に入っていました。二〇〇七年の二月ぐらいまで、ずっと撮影やインタビューで、正直、プレッシャーを感じていました(笑)。お年寄りには「普段通りでいいんですよ」とお声掛けして、スタッフにも、できるだけ普通に実践するように伝えていました。

二〇〇七年にNHKスペシャル「脳を鍛えて人生を

再び～福岡・高齢者たちの挑戦」が放送された後、永寿園では、山崎園長の提案で全てのスタッフが視聴レポートを書きました。そのときのレポートは、スタッフ研修にも活用しました。

ＮＨＫの取材は負担感もありましたが、今思えば、自分達のことを振り返るのに、これ以上ないくらい、いい機会だったと思います。これまで自分が感じてきたことや自分の変化も思い出せました。また、自分のチームの気持ちやスタッフの意識の変化を感じられて嬉しかったですね。

翌二〇〇八年四月には役職が主任になり、チームメンバーの育成に対して、さらに大きな責任を感じるようになりました。永寿園で私がこれまでに学習療法を通じて経験してきたもの、学習療法で身に付けた介護スタッフとしての経験やスキルを、次のスタッフに伝えなければいけないと思っています。

発表で使うポスターを作っている永寿会のリーダー達。左から2番目が中島さん

――人材育成において大事なことは何だと思いますか。

中島　スタッフが、「上司や同僚が自分を見てくれている」という実感を持てることが一番大切ではないかと思います。

私が入職してまだ間もない頃、同期のスタッフ達はすぐに昇格したんですが、私だけ昇格しなくて（笑）。それで、当時の上司に、「どうしてなんですか」と尋ねたことがありました。なぜなのか、わからなかったんです。「私なりに頑張ってるのに、どうして」という思いでした。誰もわかってくれないなら、辞めようかとも思いました。

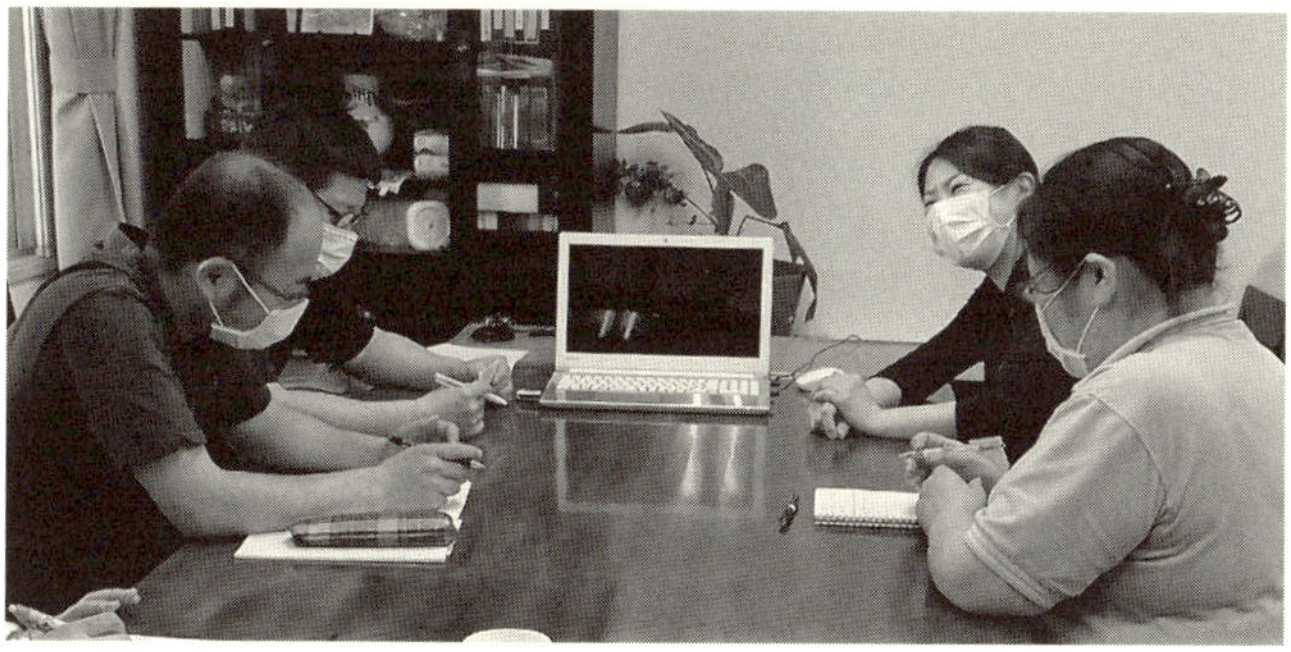

新人研修でスタッフと話し合う中島さん（右奥）

でも、その前に山崎園長と直接お話ししたいと思い、お時間を取ってもらいました。

「自分はどこを頑張ったらいいんですか」

こう問う私に、山崎園長はこう言われました。

「まだこの施設（永寿会）に職能資格制度ができて、スタートしたばかりなので、それをしっかり評価する人もまだ育っていない状況です。だから、今、これがダメでここがいいと私から中島さんにハッキリ言うことはできないけれど、これからもそういうお話は聞きたいし、私も観察して、実際にもし中島さんの評価がおかしいようなら、ちゃんと対応するようにしていきますよ」

現場のトップである山崎園長から、とても正直に「これから見ていきますよ」と言ってもらったことで、私は、また信じて頑張ろうという気になれました。

――最後に、中島さんにとって山崎園長とは？

中島　お母さん！　いつも私達のことを見ていてくれて、背中を押してくれます。ときどき難しいことを言うので、悩まされることもありますが(笑)。

大公開！スタッフ研修

起承転結で事例を研究する

学習療法センター

永寿会では、法人内の育成システムの一つとして、様々な研修を実施しておられ、私達、学習療法センターも、これまで何度もスタッフ研修に参加させていただきました。

しかし当然のことながら、介護施設の中で行われているスタッフ研修を部外者が見る機会は一般にそう多くはありません。

ここでは特別に、皆さんに永寿会の実際のスタッフ研修の中身の一部をご紹介したいと思います。

永寿会では、学習療法を通じた目標シートや、日報から学習者ごとの記録シートを作成し、それらを生活やケアに活かすための研修が行われていますが、今回ご紹介するのも、その一つです。

学習療法を生活やケアに活かすための事例を起承転結の四段階に分けて集約し、職員間で「どう対応すればより効果的に学習療法を生活やケアに活かすことができるのか」について事例研究を通じて、学び合う研修として設定されています。実際に施設の中で起こった事例を通じて学び合うため、その内容がとても面白く、リアルなイメージを持つことができます。

さらに要所要所で研修アドバイザーとして必ず同席されている山崎園長の発言がとても鋭く、ときに面白く、また研修のポイントを学ぶために大変に役に立つのではないかと思います。

では早速、「学習療法の目的」を考える場面からスタートです。なお本研修では、司会と研修企画担当を主任クラスのスタッフが務め、学習療法を担当しているスタッフが主に参加しています。

高齢者にとって学習療法が楽しいワケ

司会　「学習療法の目的」って、何だと思いますか。

スタッフA　認知症の予防とコミュニケーションの場だと思います。前頭前野《ぜんとうぜんや》の活性化など、お年寄りの脳を活性化するためのものです。

スタッフB　ご利用者に笑顔になってもらい、意欲を取り戻し、元気になってもらうための手段だと思っています。

司会　他にどなたか、ご意見ありますか。

スタッフC　私は、お年寄りに楽しんでもらうことも目的だと思います。

毎日食べて寝て、という施設での生活の中で、お年寄りにとって学習療法がとても楽しみになっておられるように感じています。

山崎　Cさん、お年寄りは、なぜ学習療法が楽しいんだと思いますか。もし楽しそうなお年寄りがおられたら、なぜ楽しいのかと考えたことがありますか。

私は、年齢が皆さんよりお年寄りに近いから(笑)、よくわかるんですけど、年を取るとどんどんできないことが多くなってきますね。でも、学習療法をすると、自分のできることがあると確認できることが嬉しくて、楽しいもんなんですね。まだまだできるという喜びです。
ですから、私達は「お年寄りができること」に目を向けることが大切なんです。

研修会の司会を務めるスタッフ。研修はスライドを使いながら進められる

質問を投げて、スタッフにより深く考えさせる

司会　では次に、皆さんは、どんなことに普段気を付けてコミュニケーションをしていますか。

スタッフA　私は、お年寄りに小さい頃のことや昔のことを思い出してもらって、お年寄りが「こんなことをしていた」という話についていけるように心掛けています。

スタッフB　私は、以前、ため口で話すスタッフを見て、このままでいいのかな、と感じたことがありました。お年寄りは人生の大先輩ですから敬語を使うように気を付けています。

スタッフC　私も言葉遣いには気を付けるべきだと思っています。コミュニケーションでは、ご利用者と目を合わせて、体調を聞いて、調子の悪いところなどがないかを観察します。ご利用者は一日一日気分や体調が違うのだろうと思いますが、そのことを言えないことがあるかもしれません。何を思っておられるかを想像しながらコミュニケーションをしています。

スタッフA　コミュニケーションは言葉のキャッチボールだけではなく、その言葉の裏には何があるのかを読み取ることも大切だと感じます。それが、相手のことを知ることになります。そして、それを他のスタッフにも知って欲しいという気持ちになります。

山崎　どうして、Aさんは、他の人（スタッフ）にも、そのお年寄りのことを知って欲しいと思うの？

スタッフA　どうして……ですか。

山崎　じゃあ質問を変えますね。Aさんがお年寄りについて知って、Aさんの中で何か変わったことはありましたか。

スタッフA　コミュニケーションをしてお年寄りのことを知ったことで、そのお年寄りと話す内容が変わったような気がします。

山崎　それは大切ですね。それで、その情報をチーム内で共有すれば、他のスタッフも、Aさんから聞いたことを使ってお年寄りとお話ししてみよう、となりますね。これはチームケアと言えます。

起承転結で高める介護の質

司会　皆さんは、起承転結を知っていますか。いわば、４コママンガのようなものです。

永寿会では、学習療法を生活に活かすために、事例をこの起承転結に基づいて、学び合っていこうとしています。

「起」では、まず高齢者に学習療法を楽しんでもらい、習慣化してもらいます。

「承」では、その方に元気になっていただくために、その方のできることや可能性を見つけます。

「転」では、その方ができそうなことの「目標」を決めて、そのために何ができるかの作戦を考えます。

「結」では、チームで力を合わせ、日常の介護の中で、その作戦を実行します。

本日はこれから、この起承転結に基づいて、各事業所の事例を発表し合って、学び合っていきたいと思います。では、まずグループホーム（GH）のAさんから、よろしくお願いします。

学習療法を生活に活かすための起承転結	
起	学習療法の定着
承	高齢者の可能性を見つける
転	高齢者ができそうな目標を設定し、その実現のための作戦を練る
結	日常の介護の中で作戦を実行する

スタッフA　Xさんは、GHに昨年入所されました。何をし始めてもあまり続かないことが多かったので、「まずは好きなことを学習療法の中で見つけ出すこと」を目指して学習療法を開始しました。
開始当初は、計算など学習療法を「イヤ」と言って拒否し、表情も厳しかったんですが、コミュニケーションがお好きなことがわかり、好きなコミュニケーションから学習を始めるように順番を変えてみました。すると、学習の最後には「楽しゅうございま

Xさんの事例のスライドの写真。番号は起承転結に対応しており、「承」にあたる2番の写真では、花を生けている様子がうかがえる

した」と言っていただけるようになりました。これが「起」です。

山崎　好きなことに気づいて、学習とコミュニケーションの順番を変えたのが良かったですね。いわば、作戦その1ですね。こういう気づきが大切です。

スタッフA　その後、Xさんが昔、生け花の師範をされていたという記述をバックグラウンドシートで見たので、生け花の話をするようにしました。そうすると「久しぶりにお花を生けてみたい」と言われました。

そこでGHの庭の花を摘んで、生けてもらうことにしました。お花を生けているときのXさんは、とても集中されていました。これが「承」です。

山崎　Xさんが生け花の師範だったという過去に注目し、行動に移したことが作戦その2ですね。

スタッフA　そうです。続いて「転」として、Xさんの日課として、GHの各テーブルにお花を生けてもらうことを目標にしました。その日の介護担当も付き添って、お花を生けるのをサポートすることにしました。

最初は玄関などにお花を生けてもらっていましたが、「役割作り」の一つとして、みんながよく出入りする食堂ホールのほうに生けてもらうことにしました。

山崎　可能性を見出して、さらに役割を活かせる場を広げていったのが、作戦その３ですね。

スタッフＡ　はい。食堂に生けた花に気づいた皆さんから「ありがとう」「あなたが生けたのね」などと言われて、Ｘさんは嬉しそうでした。これがＸさんのやりがいにつながって、今も役割として続けておられます。以上が「結」になります。

ＧＨでは、洗濯したり食事をしたり、九人のお年寄りが少人数で家庭的な雰囲気で生活をされていますが、ときには帰宅願望などもあります。ですから、その人のできることを見つけて自信を持ってもらうことで、ＧＨを居心地の良い場所だと感じていただくことが大切かと思っています。

山崎　Ｘさんを元気にしようとする作戦が１、２、３とつながっていきました。これが生活に活かしていくというつながりですね。

ターミナルケアをする特養でも生きがい作り

スタッフＤ　次に私から、特養のＹさんの事例をご紹介します。

まず「起」ですが、Ｙさんは甲状腺《こうじょうせん》機《き》能亢進症《のうこうしんしょう》（注１）から自分の言葉がかすれて途切れてしまい、息子さんに思いがうまく伝わらないので不満をぶつけていたこともありました。

そこで自信を持ってもらいたいと思い、学習療法を開始しました。読みの教材を進めるうちに少しずつ声が出始め、「学習しなかったら、スタッフさん達とお話もできなかったわ」と言っていました。

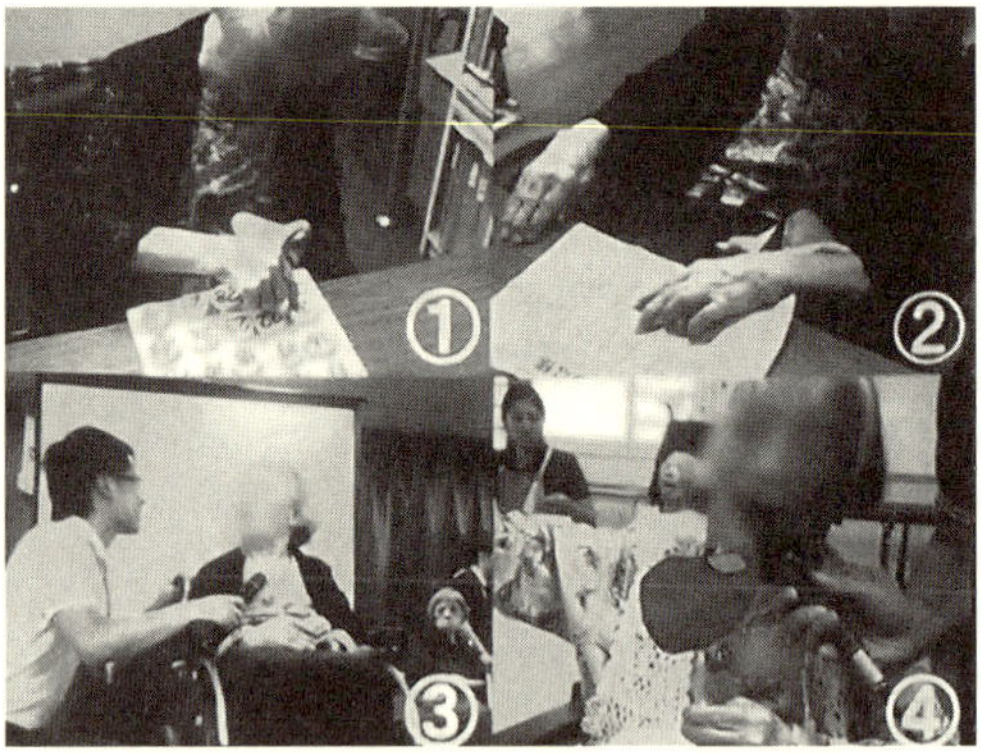

Yさんの事例のスライドの写真。4番の「結」では、スタッフが持ったマイクに向かって歌を歌っているのがわかる

「承」では、童謡が出てくる読み書き教材の中で歌を歌われたとき、Yさんの声がいつもよりよく出ていることに気づきました。そこで、学習療法の後で「今日は、よく声が出ておられましたね」とスタッフが声を掛けると、「自分でも驚いたわ(笑)」と言って驚いていました。続けて、「なぜ声が出せたんでしょうか」と聞いてみたら、「私は歌が好きで、昔はよく歌っていた。あの頃は楽しかった」と言っていました。

次は「転」です。そこで居室担当と学習療法スタッフで、この方の目標について相談しました。Yさんは演歌や歌謡曲がお好きで、中でも三船和子《みふねかずこ》さんの「だんな様」という歌が好きでよく歌っていたと聞いていましたので、毎回、学習の後に「だんな様」を歌ってもらうようにしました。

その後、「生き生き祭り(注2)で歌っていただけませんか」とお願いして、Yさんに「だんな様」を歌っていただきました。「久しぶりで楽しかったし、また歌いたい」と、とても喜ばれていました。

私はYさんの様子を見て、もっとみんなの前で歌っていただくことを楽しみにし、声が出ていることに自信を持ってもらいたいと思いました。

「結」ですが、ご自身の誕生会で美空《みそら》ひばりさんの歌を披露されました。歌を歌うことが、Yさんにとって楽しみであり、自信の素《もと》でもあると感じます。
永寿園は特養ですから、ターミナルケアを行う施設であり、生活の場を提供する施設でもあります。そのため、私達が日常の中で、ご利用者の生きがい作りを最後までし続けていくことが大切だと感じています。

山崎　この事例の起承転結にも、観察や気づきからの作戦、すなわち、その人の元気ややりがいのための工夫がありました。このお一人おひとりへの個別の工夫が生活に活かすためのポイントです。

学習療法を生活に活かすためのサイクル

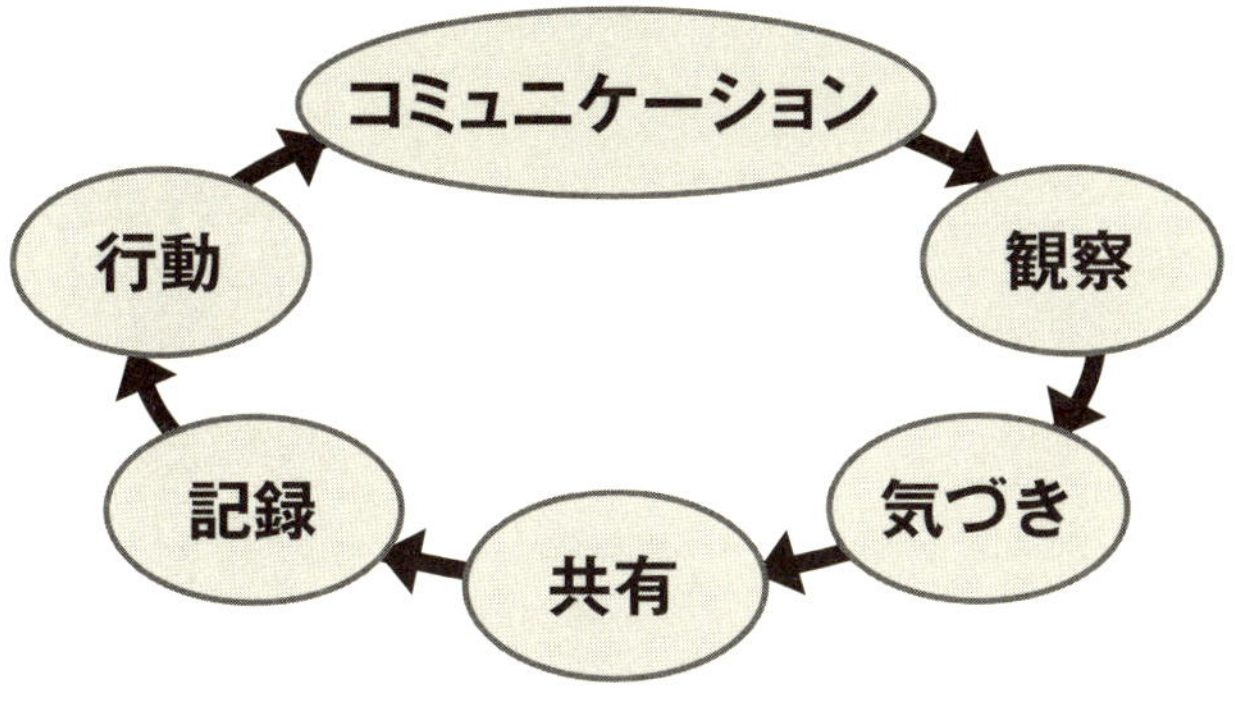

司会　今日の発表を踏まえ、学習療法を生活に活かすためのサイクルをまとめると、次のようになると思います。
まずは、コミュニケーションです。ここでは会話をしながら楽しんで学習療法に取り組んでもらい、コミュニケーションの中からバックグラウンドや言葉、仕草にも注目します。そして、観察して気づいたことは記録して、スタッフ同士で共有していきます。
その上で「こうしたい」「この方にこうなって欲しい」と

いう目標を考えて行動します。そして、その目標に向かってまたコミュニケーションをしていきます。

山崎　学習療法を生活に活かすためには、まずは記録が一番必要です。

学習療法をしてコミュニケーションや気づくまではできても、そこから「生活に活かそう」とすると、必ず、そのお年寄りのことを記録して目標を立てることが必要になります。

皆さん、本日の研修では、このことを忘れないでください。

（注1）甲状腺ホルモンが過剰に分泌される病気。動悸、多汗、手の震えなどの症状が出る。

（注2）毎年九月に、三日間をかけて永寿会で行われる催し。様々な出し物が披露される。

第4章

施設のトップが大事にすべきは現場、現場、現場

山崎律美

仕事のマンネリ化がスタッフの意欲を奪う

思い返すと、私達の施設で学習療法が始まって、お年寄りの「役割作り」や「役割探し」を取り入れてから、施設の中のお年寄りはどんどん元気になり、スタッフ達は大きく成長してくれました。「これで良くなっていく」という確信をこのとき持てましたが、一方で、新たな問題と向き合うことになりました。それはマンネリ化でした。

ちょうど共同研究が終わって、学習療法を開始(導入)したての頃は、

「○○さんが、あんなことまで、できられました!」

「△△さんに、こんな変化が出てきました!」

と驚きと興奮を持って、学習療法に取り組んでいたスタッフも、あちこちで似たような変化や効果の事例が見られると、やはり、だんだんと感動が薄れていきました。

学習療法に限ったことではないのかもしれませんが、お年寄りの変化や効果に対して、だんだん慣れて、当たり前になってしまうんですね。これは致し方のないことかもしれませんし、やはり介護という仕事の中では、お年寄りの状況が悪くなることも多いし、うまくいかないことや、ときには悲しいお別れもありますから、いつも喜び、感動してばかりはいられません。

しかし、いつの間にか驚きや感動が薄れていけば、スタッフ達は次第にそのことの目的、すなわち、

何のためにやるのかという意識も薄れ、「もうこれでいい」とか「仕方ない」と思って現状に甘んじてしまいかねません。これが問題です。

何度も言いますが、「現状でいい」と思ってしまったら、そこで歩みは終わりなんです。

自分達の介護は道半ばだと思って、挑み続ける

私はよく、介護施設の施設長同士の勉強会などに参加すると、「ケアの質はどうやったら高まるのでしょうか」と聞かれます。

しかし正直、永寿会《えいじゅかい》もこれまでに「いい介護いい施設」を目指して、学習療法をツールにして、もう何年も挑んできていますが、いまだに「『いい施設』になった」とか「『いい介護』をしている」と思ったことなどありません。そう思って納得する瞬間は来ないんだろうとも思います。永寿会は、まだまだ目指す状態の半分も達していないとさえ思うほどです。

大体、「いい介護」なんて、そんな簡単に実現できるものではありませんし、自分の施設を「いい施設」だと思えたとしたら、きっとそれは錯覚です。もし本当にそう思ってしまったら、もう進化が止まってしまうように思います。

ですから、やはりスタッフ達のマンネリ化を打破するための仕組みを作ることが、施設には必要です。

私自身は、「気になったら、ほうっておけない」「おかしいと思ったら、妥協できない」という性分です

から、現場のトップとして、それは当然の役割だと思ってきました。

事例の発表会がマンネリ化を防ぐ

そこで法人全体で学習療法の事例を共有し、刺激し合うために始めたのが、一年に一度の学習療法の発表会です。

いくらお年寄りの変化に気づいて効果を確信しても、その驚きや喜びを人に話したり、発表したりすることがなければ、なかなか報われません。そして、発表する場がなければ、他のスタッフ達にはその効果や価値も伝わっていきません。素晴らしい情報やノウハウを発表し、スタッフ達で共有し合うような場を作ることも、マンネリ化の防止のために大切だと思ったのです。

この発表会は「実践研究発表会」と呼ばれ、毎年、特養である永寿園《えいじゅえん》をはじめとして、老人保健施設、デイケアやグループホーム、有料老人ホーム、そして障害者支援センターなど、法人内の事業所が一堂に会し、学習療法を通じた事例をお互いに発表し合い、学び合っています。いわば、スタッフ同士が切《せっ》磋琢磨《さたくま》するためのステージです。

発表会では、うまくいった事例ばかりではなく、中には失敗から学んだという事例やうまくいかなくて悩んでいる事例の発表もありますが、どれも永寿会にとっての「財産」です。ですから、この発表会は永寿会の「財産作り」です。そして新しく永寿会に入ったスタッフに、この財産、つまり感動やノウハウを引き継いでいく機会でもあるのです。

ここ数年、この発表会は十二月第一日曜日に開催しており、もうこの会も二〇一七年で十四回目を迎えました。今では、この実践研究発表会が永寿会の一年間の総まとめであり、その後の永寿会のスタッフの成長や学びのための大切な機会にもなっています。

発表会の準備や運営もスタッフが中心

この発表会で、各事業所の中で誰に何を発表してもらうかは、その事業所の責任者やリーダーが話し合って決めます。その発表者は、必ずしもリーダーや一番優秀なスタッフとは限りません。どんなスタッフでも発表者に選ばれる可能性があります。

発表会には永寿会全体としてのテーマがあり、その大きなテーマのもとで、発表者となったスタッフは、自分自身の取り組みを踏まえて、自分の上司と一緒に発表の内容を自由に検討し、数か月かけて準備をします。

例えば、二〇一七年の実践研究発表会のテーマは「学習療法を生活やケアに活かす」でした。このテーマに沿った上で、自分達の日頃の課題や活動から発表内容を決めてもらいます。そして、日頃の介護の仕事と学習療法の取り組みや結果が、自分の成長にどうつながったかを示す内容に仕上げるのが決まりです。

私も現場の責任者として、発表前の最後の段階では、発表原稿の内容についてのアドバイスなどをしています。

最近ではこの発表会に、永寿会のスタッフだけでなく、地域のお年寄りのご家族、そして学習療法を実践している他の介護施設の方々などが、二百人くらい集まっていただけるようになりました。二〇一七年十二月には、福岡県大川《おおかわ》市の市長さんや地域の区長（自治会長）さんなどにも来ていただきました。

もちろん、発表するスタッフは、相当緊張するでしょう。でもそれが自分の仕事や成長を見つめ直し、実践するいい機会になっていると思います。

実践研究発表会で挨拶する山崎園長

発表会の後、発表者は、当日の参加者アンケートなども参考にしながら、発表した感想やそれを今後どう自分の業務に活かすのかといったことを考えます。

この発表会では、運営のために、主任クラスのリーダー会議などでスタッフによる実行委員会を立ち上げます。その中で毎年、受付係や案内係、資料作成係、進行係などの係を作ります。各々のスタッフは、会を良くするためにチームで話し合い、準備して、振り返って、翌年の発表会につなげます。

そして発表会が終了すると、永寿会では、主任以上のリーダー陣がこの発表会の内容を振り返って、今後の法人内の各部署の「学習療法の研修会」などの企画を検討し始めます。発表会での熱が冷めないうちに、次につなげていきます。

この実践事例発表会を含め、スタッフ達の取り組みにスポットライトが当たることで、スタッフ達は改めて自分の介護への関わり方を見つめ、自分達の努力や工夫でお年寄りが元気になることを認識し、仕事にやりがいを持ちます。そして、お年寄りにもっと自分らしく元気に活躍してもらおうという意欲が、スタッフの中に生まれるのだと思います。

くどいようですが、人材育成と「いい介護」に向けた取り組みは密接に関係しています。だからこそ、施設のトップはスタッフ達が常に燃え上がっていられるように気を配り、常に人材育成がうまくいくように考え続けないといけないと自分に言い聞かせています。

普段から施設内をうろついて、現場をよく見る

ところで永寿会では、法人の最高責任者は理事長のことで私の主人です。だから私は、その意味での経営者やトップではありません。私は社会福祉法人道海永寿会の総所長です。永寿会の全ての介護施設を見て、現場でどんな介護をするか、どんな介護施設にするかを考えていくのが私の仕事です。そして、私の代わりになる人を何人も育てることが、現場を預かる私の一番大きな目標です。

そのためには、やっぱり「現場をちゃんと見る」ということが大切だと思っています。指示や決裁だけをしていては、うまくいきません。私は自分自身の経験で、そのことを嫌というほど身にしみて感じてきました。

共同研究として学習療法が永寿園で始まる前、つまり、五～六人のお年寄りに公文の学習をしてもらっていた頃でも、「やっといて」とスタッフに言うだけではなく、お年寄りが学習している様子やその結果などを要所要所で見るようにしていました。もちろん、実践は現場のリーダーや担当のスタッフ達に任せはしますが、それをちゃんと見ているというのが、トップの役割だと思います。

あるとき、「学習療法に関する起こりと歩み」のビデオを制作したいとのことで、ビデオ制作会社のスタッフさんが来られました。

「山崎園長にとって、日頃一番大切で、一番ご自身を表しやすい典型的なお仕事の風景を撮影したいんです」

そう言われたので、

「私にとって、一番大切にしている仕事は、お年寄りやスタッフとの会話を通じて、介護の現場のことを知っておくことでしょうかね」

とお答えしたら、私が永寿園の中をうろうろと歩き回って、スタッフやお年寄りとお話ししている様子をビデオに撮ろうとされました。ただそれでは、なんだか年を取ったおばさんが施設の中をうろうろ

ある現場責任者と話し合う山崎園長（右）。山崎園長はこうしたスタッフとのコミュニケーションの場を日頃から設けている

歩いているだけで、正直、何が面白いのか、よくわからなかったんですよ（笑）。

でも、このうろうろすることは、施設の現場トップにとって大切です。私自身は、

「今スタッフはどんな表情で、どんな気持ちで働いているか」

と、スタッフ達のことを知りたいと常に思って、施設内をうろうろしています。そしてもし問題を感じたり、心配なことがあったりしたら、現場責任者とコミュニケーションして、その状況を知ろうとしています。

少しでも綻《ほころ》びがあると、チームや施設の質はどんどん重症化していきます。そして気づいたときには、理由がよくわからないままスタッフが辞めてしまったりして、もうにっちもさっちもいかない、なんてことも起こり得ます。そうならないよう、施設現場のトップは、「現場をよく見る」ということを心掛け、日頃から気を引き締めないといけません。

普段から施設の中の様子を見ていると、お年寄りやスタッフ達のやり取りや様子もよくわかりますし、お年寄りもスタッフも私が見ていることが当たり前になっていきます。ですから、テレビなどでよくありがちな、偉い人がたまに来ると周りが緊張して、普段と全然違う様子に……なんてことには、うちの

施設はなりませんね（笑）。

「自分の施設のことは、自分で解決すべき」という先入観があった

先ほどご紹介した実践研究発表会のように、私達は永寿会の中で学び合い、様々な取り組みを実践してきましたが、地域によっては介護施設同士でネットワークを作り、勉強会を開いているという話を耳にしていました。

しかし、私はその意味をあまり感じませんでした。私は現場のトップの一人で、自立した施設運営を担っていく立場でしたから、なおのこと「自分の施設のことは自分ですべき」だという考えでやってきました。

「人（他の施設）を頼りにしても、うまくいかないんじゃないの」

とさえ考えていたほどです。

そんな私が施設同士のネットワークのことを意識し関わりを持ち始めたのは、二〇一四年に福岡で開催された「学習療法シンポジウム」の頃でした。

シンポジウムの開催に先立って、福岡県内の学習療法導入施設の中でも中心的な役割を担っている施設の方々が集まり、「このシンポジウムを機に、私達、福岡県でも施設同士のネットワークを作って、全国からやって来る同志を迎えたい」と提案されたのです。

福岡学習療法研究会の総会でスピーチする山崎園長（右奥）

私は当初、施設同士のネットワークについて、あまり必要性や意味を感じずにいましたから、正直あまり気が乗りませんでした（笑）。しかし有志の方々がとても前のめりだったので、私は「熱い人達がいるんだなぁ」と驚きながら、

「それほど熱心に言われるなら、永寿園は学習療法がこの世に誕生した最初の施設でもありますし、何かお手伝いができることがあればしましょうか」

と申し出ました。

そうしたら、きっと私の年齢が一番上だったからだと思いますが、「会長になってください」と頼まれてしまいました。予想していなかったお願いに、「ええっ！」と仰天《ぎょうてん》しました（笑）。こうして私が会長となり、「福岡学習療法研究会」が誕生しました。

会ができて最初に取り掛かったのは、会の目的を決めることでした。福岡県で学習療法を導入している介護施設のトップの人達が数人集まって理事会を結成し、話し合いを行うと、

「学習療法を導入して『いい介護いい施設』を目指したいが、それにはスタッフの育成が最大の課題」

「難しいのは、施設のリーダーの育成です。なかなか自分達では新たなリーダーを育てきれない」

といった「人」に関する悩みや課題が出されました。

そこで、この会の目的は「人材育成」一本に絞ることにしました。

働いている施設の壁を越えて学び合える場

福岡県学習療法研究会は、福岡県の学習療法を導入している介護施設同士が学び合う勉強会、名付けて「ふくふく会」を立ち上げました。福岡の福と、福祉の福から取った名です。この会もまた、明確にスタッフの質を上げることが目標であると改めて共有し、施設長や施設トップがスタッフを育てることを唯一の目的としました。

ふくふく会では、発足当初、「事業体別の交流活動」を行っていました。すなわち、大型施設系やユニット系、通所サービス系など、介護施設の特徴や種類で大きくグループに分けて、施設の見学会や交流会を開催して、まずは会員の施設のメンバー同士がお互いに知り合うことから始めました。

ただ実施してみて、介護施設の種類別のグループ分けにあまり意味がないことが結果的にわかりました。「学習療法を導入している」という共通点一つだけで十分でした。種類別に分けることをしなくても十分に学び合いや交流ができ、むしろ種類

永寿会で開かれた「ふくふく会」の見学会の様子。他の介護施設の取り組みを学べる機会は貴重

「よかばい楽笑たい!」の勉強会。様々な施設から参加者が集まっているからこそ、面白くてためになる

が違うからこそ発想や工夫などが広がって、より中身の深い学び合いができることにも後から気づきました。

みんなの口からも「がらがらポン」という言葉が飛び出すようになりました。学習療法を導入しているという共通点さえあれば、種類や機能が違う施設同士が集まっても、リーダーやスタッフが分け隔てなく交流し学び合えることに、みんなが意味を感じ始めたからでした。

またその後、ふくふく会は自発的に「よかばい楽笑《らくしょう》たい！」という博多弁の名が付いた勉強会へと変わり、新たなスタートを切りました。

この会の主な参加者は、学習療法マスター（注1）や学習療法実践士です。私達は、この人達が運営委員を決め、自分達のために自分達のやりたい勉強会や活動を進めていけるようにしました。つまり、アンケートを参考に活動内容を自分達で決め、実施した後もアンケートによってまた反省し、次の活動内容に反映させていく仕組みです。前述した施設のトップの集まりである理事会は、あくまでその活動を後押ししていくだけです。

このようなネットワークを通じた勉強会をしていると、私も永寿会以外の施設のリーダーに、まるで永寿会のリーダーに接するように関わり、いろいろとコミュニケーションをする機会があります。例えば、他の施設のリーダーであるMさんと私は、「よかばい楽笑たい！」の報告書について、こんなメールのやり取りをしました。

M　報告書を作成しました。様々な現状の課題があり、施設によっても差があります。さらなる取り組みが必要だと思いました。

山崎　報告書、わかりやすくまとめていますね。感想を言うと、「そもそも学習療法は何のためにやっているのか」を踏まえ、他のスタッフに伝えられるかを確認する必要があると思いますが、どうでしょうか。

M　アドバイスありがとうございます。園長が言われた通り、「そもそも論」の必要性を感じます。

山崎　何のために学習療法をするのかということを、自分の施設で、自分の言葉で相手が納得できるように説明できなければなりません。借りてきた言葉ではダメです。

このやり取りは、永寿会のスタッフと私のやり取りと変わりません。

このMさんの施設の施設長は私に、「おかげさまで、リーダーが育ちつつあります」と言ってくれています。こういうことが施設を飛び越えてできるなんて、かつては想像もつきませんでした。

介護施設のトップは孤独で、多くの悩みを抱えている

少し時系列は前後しますが、スタッフ育成と並行して、「施設長や施設トップ自身も学び合おう」ということで、前述の理事会メンバーで「親の会」という名前の勉強会も始めました。そして今度も年の功だと思いますが、会長になって欲しいと請《こ》われたので、私が仕方なく引き受けることになりました。

親の会では、毎月一回集まって「スタッフ育成にはどんな学びの場がいいのか」などのテーマで話し合いをしています。スタッフのために開催しているはずが、いつの間にか施設長のほうが自身の学びの場や交流に熱心になってきました。

これは考えてみたら、当然のことです。

実は施設長というのは、多くの悩みを抱えています。お年寄りのこと、施設経営のこと、スタッフのこと……施設長のほうがスタッフより責任が重く、カバーする業務も多いので、それだけ悩むことも多くなります。先ほどの理事会の中でも、スタッフを育てる前に、施設のトップや現場のトップとして自分達もまだ「軸」がなくて不安だとか、自分の力だけで自施設を変えていくことが、なかなかままならないという意見が出されました。

しかし困ったことや悩みがあっても、すぐに「それ教えてよ」と気軽に聞けるような同業者とは、なかなか巡り合えないものです。かと言って、他業界のトップと情報交換をしてみても、やはり業界によ

って状況が全然違いますから、相談しても解決に至らない場合が多いと思います。

介護施設の施設長は、ハッキリ言って孤独なのです。

だから、なおさら施設同士のネットワークが大事になってくるのです。今では、親の会のメンバーはお互いに悩みを打ち明け、うまくいったことを教え合い、一緒に試練や課題を乗り越えていくチームになり始めています。

最初は「自分のことは自分で！」と思っていた私でしたが、ネットワークでの学び合いを続けてきた結果、今では「施設長同士がネットワークを作ってお互い学び合い交流することが、今後、自分の施設にとっても有益である」と考えるようになっています。

（注1）学習療法における資格制度。学習療法は学習療法実践士が行い、実践士の育成やそのリーダー的役割は学習療法マスターが担う。

第5章

最終目的は地域に信頼されること

山崎律美

お一人おひとりに合った介護をするには、地域の理解が不可欠

「永寿会《えいじゅかい》の最終目的は何ですか」と聞かれれば、私は「地域の信頼を得ることです」と答えます。これは永寿会の理念でも掲げています。

永寿会は、地域の中にあります。永寿会に限らず、介護施設は地域のために存在し、地域で仕事をさせてもらっているわけですから、その活動の結果として地域の方々から信頼を得られるかどうかは、非常に大切です。

思えば、二〇〇〇年に介護保険制度が始まり、永寿園《えいじゅえん》での学習療法の共同研究が始まった頃は、認知症はまだ痴呆症《ちほうしょう》と呼ばれ、永寿園のある福岡県大川市《おおかわし》でも、高齢者介護施設というもの自体がまだよくわかってもらえているとは言えませんでした。

「介護施設って、病院のようなところでしょう?」という捉《とら》え方もあったと記憶しています。「もう面倒見られんようになった人が、自分の親を預けるところでしょ」と言う方さえいました。

当時、まだ大川市に限らずどの地域でも、介護というもの自体がそれほど身近なものではなく、「できないことをお世話してくれるところ」とか、「亡くなる最期まで面倒を見てもらうところ」というネガティブな捉え方が一般的でした。

介護というものに触れたことのない人達の多くは、介護や認知症について、よくわからないのではな

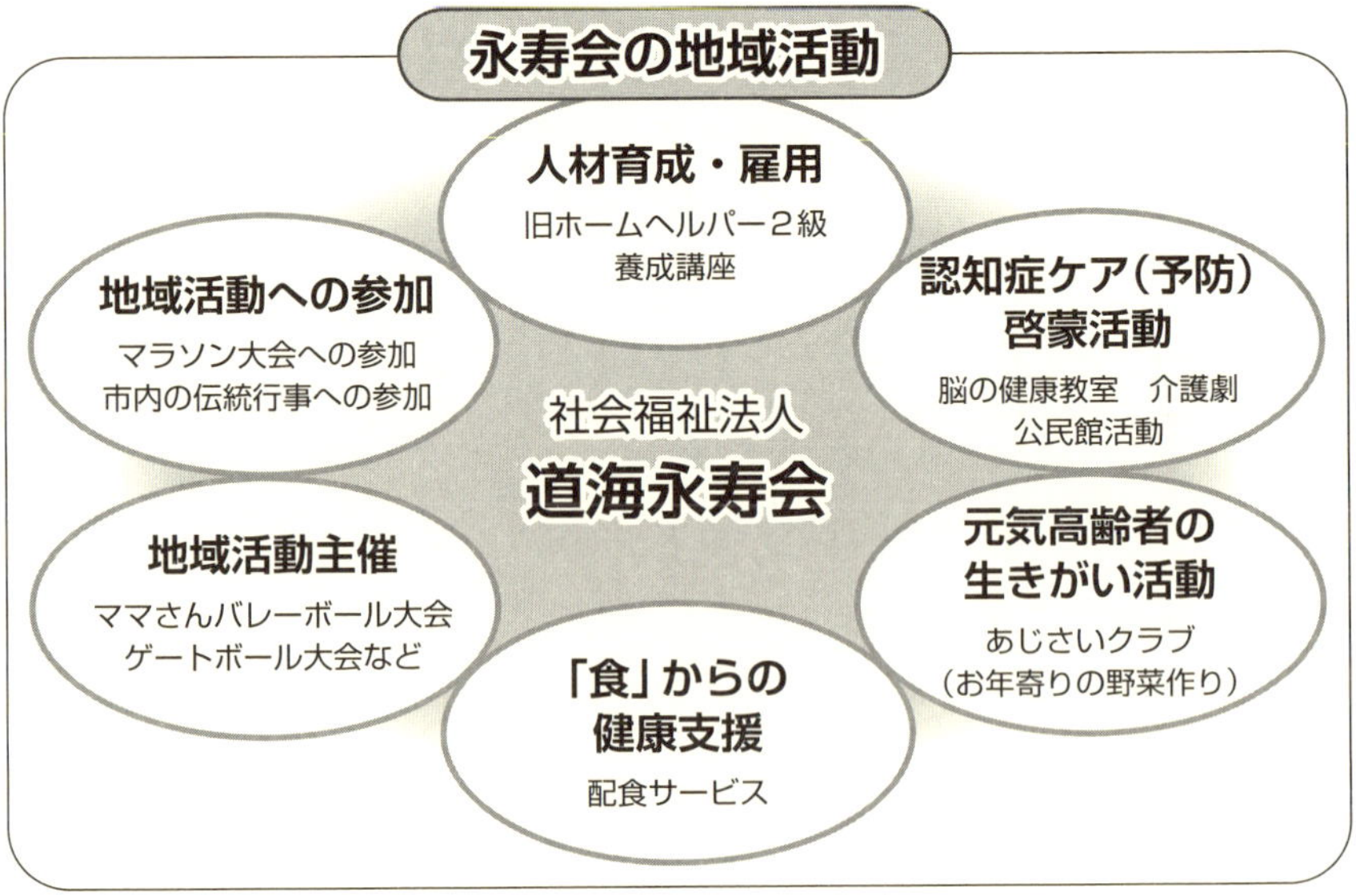

いかと思います。

認知症というもの自体どんなものかわからないのですから、「『いい介護いい施設』を目指した取り組み」や「認知症の予防や維持・改善」なんて、理解してもらえるはずがありません。

いくら私達がお一人おひとりに合った介護を通じて、お年寄りを少しでも元気にしようと思っても、ご家族や地域の人々の理解が得られなければ、うまくいかないのです。

ですから、永寿会でも、もうかなり前からいろいろな地域活動に取り組んできました。

地域の集まりで認知症の出前講座を開始

永寿園では、ちょうど学習療法の共同研究に参加して学習療法が永寿園で本格的に始まった頃、認知症高齢者のことを深く知り、認知症について学んでいたスタッフ達が、自分達の経験や学びをもっと地域の人達にも伝えるべきだと思い始めていました。

そこで、永寿園のスタッフ達が出前講座のような形で、川島《かわしま》教授ら先生方に教えてもらった脳機能の知識、そして学習療法で経験した永寿園での事例などもまとめて、地域の方々にお話をするようになりました。

「認知症とはどんなものなのか」

「身内の人が認知症になったらどんな風に対応すればいいのか」

「介護ってどんなもので、どんな効果が期待できるものなのか」

そんな内容のシートのようなものを作って、永寿会のスタッフ達が地域の集まり、例えば、自治会のような場に出かけて、時間をもらってお話をしていました。

この出前講座はとても好評で、永寿会のスタッフ達にとっても自分達と地域がつながるためのいい機会にもなったと思います。

私は、この活動の良い感触もあって、もっともっと地域の人達に高齢者介護や認知症を知ってもらう活動が必要だと思い始めました。

スタッフが演劇で認知症のことを伝える

その後、この出前講座は公民館などでの公演活動にも進化し、永寿園だけでなく、法人内の他の施設

お芝居で地域の人々に認知症のことを伝える「きてみてどうかい!」一座

のスタッフも参加し、体験談をもとに寸劇のようなことをする形になりました。

一座の名前は「きてみてどうかい！」。この公演を実施した場所が、主に永寿会の施設がある大川市の道海島《どうかいじま》周辺だったことから駄洒落《だじゃれ》で付けました（笑）。

寸劇の内容は、日頃私達が施設の中で経験していることや、お年寄りへの介護や認知症のお年寄りの方によく見られるケースをモチーフにしました。

例えばある会では、「家族に認知症状が見られた際の対応の仕方」をテーマにし、永寿会の介護スタッフ達がお年寄りの役やご家族の役に扮《ふん》して、認知症の方への対応の仕方や留意点などをわかりやすいように寸劇にしました。その中には、おばあちゃんとご家族のこんなやり取りが出てきます。

「私の財布を知らない？　誰か盗《と》っていったんじゃないかなぁ」

「ええっ！　知らないよ。それに誰もお母さんのお部屋に入ってないし……」

こんなとき、ご家族はどう対処したらいいのか。そのときのポイントを実演しました。これまでスタッフ達が日常介護や学習療法の中で体験したことや、培《つちか》ってきたノウハウを活かすことができました。

外を見、外に触れれば触れるほど、自分達自身のことが客観的に見えるようになっていきます。スタッフ達も、こうした伝える体験を通じて、施設の外である地域に触れ、自分達の体験を外に伝えていく経験をしながら、同時に、永寿会や自分達が存在している意味やその役割も少しずつ体感していきました。

障がい者が生きがいを感じる直売所

また、これまで永寿会では、地域に対する介護や認知症の啓発活動とともに、法人内に「障害者支援センター」を設け、「障がい者の就労支援」などの事業にも取り組んできました。

障がい者については以前にもお話しした通り、私自身がかつて障害者施設で十年以上働き、そのときに障がい児に対して公文の学習を導入した経験から、「障がい者の可能性」についても確信を持っていました。

「障がい者は障がい者らしく、そのままであればいい」というような考え方ではなく、障がい者であってもその可能性はたくさんあって、障がい者が地域で元気に生きていくために、永寿会という施設として地域に貢献できることがあるのではないかと考えてきました。

それで、法人内の施設に野菜などの直売所「あじ彩館《さいかん》」を作り、そこで障がい者の方々にも働いてもらうことにしました。本書執筆段階で、直売所は1号館、2号館、3号館の三つあります。

永寿会が運営する直売所「あじ彩館」の外観（左）とそこに買い物に来た地域の人々（上）。この直売所は、遠くに買い物に行けない地域のお年寄りの生活にも役立っている

これら直売所では、思い切って障がい者にも仕事を任せ、スタッフがそれをサポートしています。例えば、店の内装や商品のポップ作りです。仕事をお願いしていると、障がい者の可能性や持ち味がどんどん出てきて、私達が驚くような才能や能力を発揮する方もいます。ここで働いている障がい者は、地域の人に喜ばれる仕事をすることで生きがいを感じています。

ここで売る商品は、障がい者の人が育てた作物の他、近所の農家が育てた作物などです。幸い、永寿会の周辺には農家の方々も多く、それぞれいろいろな作物を育てていました。

直売所によっては、永寿会に関わるお年寄りに育てていただいた作物も売っています。この地域には過去に農業を営んでいて、「昔取った杵柄《きねづか》」とも言えるようなお年寄りも多いので、まだまだ元気なお年寄りの方々を、もっと元気にする役割作りの場としても畑仕事はうってつけでした。しかも、できた作物が地域の人達の生活の役に立ち、喜んでもらえて、それを作ったお年寄りの方々は本当に嬉しそうにしています。

入所していない地域のお年寄りも元気にしたい

そんな中、私は次第に「元気なお年寄りの認知症予防が大切ではないか」と思い始めました。私達のような介護施設は、施設に入っている、もしくは通っているお年寄りのことを主に考えがちですが、自宅で暮らしている地域の元気なお年寄りの認知症予防にも貢献しなくてはいけないと考えたのです。それで、ふと思いました。

「脳の健康教室をやってみよう」

脳の健康教室ならば、まだどの介護施設にも入っていない地域のお年寄りにも、脳の健康を維持し認知症予防をしてもらうことができます。そしてそれが、どんどん高齢化が進む中で、街の活性化や元気な街づくりにつながっていくのではないかとも思いました。

そこで永寿会では、二〇〇四年に脳の健康教室を始めることにしたのです。ちょうど東北大学の川島教授や公文との学習療法の共同研究が終わりに近づいた頃でした。

永寿会のスタッフ達は、それまで学習療法の開発に携わり、やり方にも十分慣れていましたから、脳の健康教室を始めることにそれほど大きな内部の抵抗や課題はありませんでした。

COLUMN

脳の健康教室とは

学習療法センター

脳の健康教室は週一回教室に通うシステムで、期間は一クール五～六か月です。教室日以外の週六日間には家庭学習(宿題)があります。

受講者一人の教室滞在時間は概《おおむ》ね三十～四十分。この間に教室サポーター(地域ボランティア)とコミュニケーションをしながら読み書き・計算とすうじ盤を行います。この三十～四十分を、一日二～三回繰り返すことで、より多くの受講者を受け入れることができます。また、軽体操などと組み合わせて「頭と身体の体操」として実施することも可能です。

主催は行政の直営か、行政に委託された団体が一般的です。現在では、認知症予防、介護予防、そして地域包括ケアシステムの構築や担い手作りや地域作りへの一手段として、全国、二百三十市区町村で約四百七十教室が開講されています(二〇一八年九月現在)。

受講者は広報誌、チラシ、掲示物、老人会での告知などで募集します。同じく教室サポーターも募り、地域の住民の方々に地域の高齢者を支える担い手として活躍していただきます。

脳の健康教室は単なる脳の健康(認知症予防)のためだけでなく、シニア世代がいつまでも地域の一員として元気に仲間作りや社会参加を目指すための教室にもなっています。教室サポーターの支援のもと、新しいボランティアグループが教室を通じて生まれています。

そもそも脳の健康教室の始まりは、二〇〇一年に永寿園で始まった学習療法の共同研究によって検証された「脳科学に関する理論とシステム」でした。川島教授はこの理論をベースに、二〇〇四年に認知症になる前のまだ元気な高齢者のための認知症予防事業として、公文との共同研究という形で脳の健康教室のプログラム作りを始めました。

当初は、宮城県仙台市で、およそ百六十名の高齢者に週一回教室に通っていただきました。そこでは教室サポーターとコミュニケーションを取りながら、簡単な読み書き・計算をし、教室のない日には家庭学習（宿題）をするという形態での調査研究が半年間かけて行われ、認知機能の維持・改善効果が検証されました。さらに同年、岐阜県、東京都品川区でも共同研究が開始され、MCI（軽度認知症疑い）の改善などの効果が検証されました。

この結果を受け、私達、学習療法センターでは二〇〇五年より、正式に脳の健康教室の開講システムを全国展開する事業を始めました。そして、より効果を高めるための教材やノウハウの開発、さらに脳機能の改善とともに、参加者の自信や意欲をより高め、参加者同士の仲間作りや社会参加にもつながるようなシステム作りなどへの挑戦を続けています。

永寿会最初の脳の健康教室受講者の脳機能検査の結果

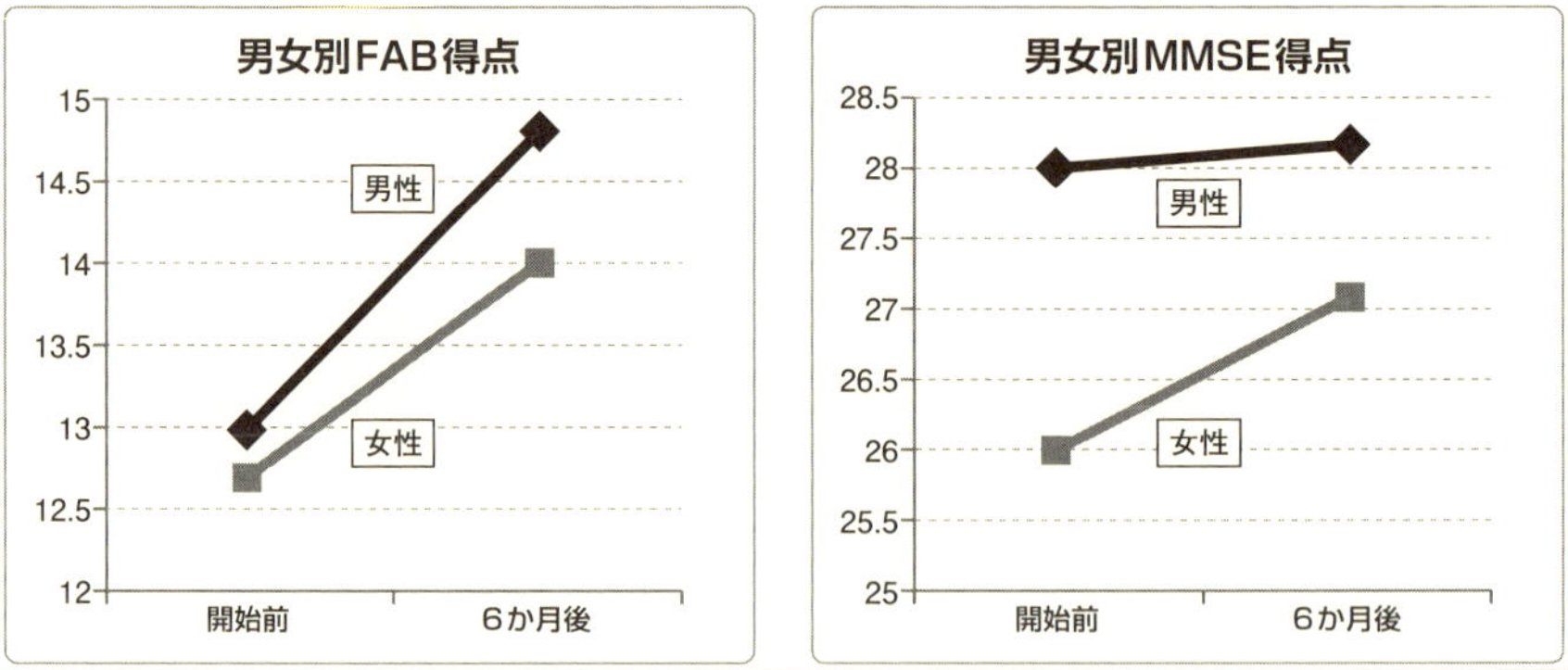

男女問わず教室期間終了後は、どちらの数値も改善していた

四年以上学習を続けた人は脳機能が低下せず

こうして永寿会での最初の脳の健康教室が始まりました。永寿会の「居宅介護支援事業所」を会場にして、学習者数十三名（平均年齢七十四・四歳）でのスタートでした。

上のグラフは、最初の半年間の教室の学習者のＭＭＳＥ（認知機能検査）とＦＡＢ（前頭葉《ぜんとうよう》機能検査）の平均値を表したものです。一般的なお年寄りでは、どちらの値も年齢とともに下がっていくのが普通です。

ところがこのグラフを見ると、半年間の脳の健康教室に参加した元気なお年寄りのＭＭＳＥもＦＡＢも、平均値が良化していました。

私達はこのデータを見て、とても嬉しく、そしてその効果に確信を持ちました。私達の力で、地域のお年寄りの認知症を予防できる。そんな期待ができる結果でした。

そしてこれからも、私達は脳の健康教室を引き続き実施す

４年以上通った学習者のMMSEの数値

氏名	学習期間（年）	MMSE		現在の年齢
		開始時	直近	
A	12	26	30	87
B	12	26	29	81
C	12	25	26	79
D	8	29	30	73
E	8	27	30	73
F	7	30	30	75
G	4	29	29	81
H	4	29	30	76

（2018年１月現在）

ることにしました。

それから十二年の月日が経ったところで、私達が行ってきた脳の健康教室の実績や認知症予防の効果などについて振り返ってみました。

結果を見て、私が一番驚いたのは、四年以上も脳の健康教室で学習を続けているお年寄りのなんと全員のＭＭＳＥの値が、維持か改善していたことでした。つまり、認知機能が下がった人が、ただの一人もいなかったわけです。

先ほどお話しした通り、一般には、お年寄りは必ずＭＭＳＥの値が時間とともに下がっていきます。それなのに、下がった人が一人もいなかったというのは、本当に驚きでした。

これらの振り返りから、私は永寿会で行ってきた脳の健康教室の事業が、地域の認知症予防に効果的なものであり、さらに広げていく意義が十分あると改めて実感しました。

あまり接点のなかった地元の自治体と急接近

私達が十数年間も脳の健康教室を続けてきた一方で、実は大川市役所でも、この脳の健康教室を続けていました。大川市役所では、「一般介護予防事業」として市のコミュニティセンターなどを会場にして、脳の健康教室を実施してこられていたようでした。

私が今「ようでした」という変な言い方をしたのは、実は、二〇一五年頃までは脳の健康教室を永寿会でも大川市役所でも実施しているということを、お互いに話し合ったことがなかったんです(笑)。狭い地域ですから、大川市役所も私達も、お互いに脳の健康教室を続けてきたことは知っていたのですが、これまでそれをお互いに共有し合ったり話し合ったりするような接点がなかったとも言えます。大川市役所も、行政機関として「民間事業者を平等に扱う」という観点から私達永寿会という、いわば一民間事業者による地域活動についてことさらに取り上げ、認知症予防への効果に注目するようなことがしづらかったのだと思います。

前にもお話ししましたが、私自身も大学を出てから二十年間も国家公務員や地方公務員をしてきましたから、行政や公務員の方々の立場や考え方、そして感覚はよくわかります。

接点の乏しかった両者が急接近したのは、二〇一五年の頃です。公文を通じて「国(経済産業省)のSIB(ソーシャル・インパクト・ボンド)調査事業に参加しませんか」というお声が掛かったのがきっかけです。

この事業を機に、急に脳の健康教室の実施を通じて大川市役所と永寿会が一緒に活動することになりました。私達自身、最初から大川市役所とも情報を共有しながらスタートすべきだと考えていましたから、期せずして、市役所との距離が近くなって一緒に事業を行うことができ、とても良かったと思いました。

COLUMN

ＳＩＢ（ソーシャル・インパクト・ボンド）調査事業とは

学習療法センター

ＳＩＢとは、二〇一〇年にイギリスで開発され、アメリカやオーストラリアなど世界二十数か国で導入されている新しい官民連携の社会投資モデルのことを言います。優れたサービスに投資家が資金を提供してプログラムを実施し、本来必要な費用に対して削減された費用相当を事業成果に応じて、自治体等がサービス提供者や投資家に成果報酬として支払う仕組みです。今回の調査事業は、「パイロット事業」ですので、成果報酬は発生せずＳＩＢの仕組み作りの課題を探ることになります。

そしてＳＩＢ調査事業とは、「平成二十七年度　健康寿命延伸産業創出推進事業（ヘルスケアビジネス創出支援等）」の一つとして経済産業省に採択されてスタートした調査事業のことです。正式名称は「成果報酬型ソーシャルインパクトボンド構築推進事業」と言います。

このＳＩＢ調査事業の背景には、「介護保険料や予防費の増大で国のお金が足りない」そして「要介護度が改善しても施設が損するという矛盾への声が多く出されている」といった現状の課題があります。この調査はこれらの課題に対する解決を目的とした、ソーシャル・インパクト・ボンド事業という新たな仕組みを実現させるための調査です。

今回のSIB調査事業は慶應義塾大学や日本財団、そして私達、公文などが参加しました。その目的は、身体的な（脳科学の見地からの）認知機能への効果だけでなく、学習療法が高齢者の日常生活や要介護度などにどう影響するのか、施設の人材育成にどう貢献するか、それを地方や国の財政への貢献度としてどう算出するかなどを検討することでした。

つまり「社会的な便益」が国の財政や経済活動にどれほどの効果を生み出すものかを調査検証するものです。いわば、この本の題名でもある「いい介護いい施設」の基準や評価指標とその仕組み作りへの調査事業でもありました。

これまで川島教授との共同研究で、脳の健康教室に通うことで認知機能が維持・改善されることは実証されていましたが、今回のSIB調査事業においても、認知症疑い、軽度認知症疑いのあるグループが、約半年の学習で認知機能に改善効果があることが明らかになりました。

二〇一五年から九州や関東各地を中心に行われたこれら六か月間の調査終了後、その調査結果の全体は経済産業省から二〇一六年に公表され、その後、慶應義塾大学と公文によって記者発表もされました。

地域事業に対するためらい

私は、このＳＩＢ調査事業の目的、つまり「学習療法や脳の健康教室の成果をどうやって評価するのかを検討する」という調査目的に意義を感じ参加しようと思いましたが、実はもう一つ理由がありました。

それは、永寿会のこれまでの歩みの振り返りをしたかったからです。

正直なところ私は、永寿会が高齢者介護施設として地域活動、特にこの脳の健康教室を外に向けて開講することに対して、少し躊躇《ちゅうちょ》すると言うか、心配するような気持ちもありました。それは、永寿会のある地域にお住まいの皆さんから、「将来、自分の施設に住民を呼び込むためにやっている」と誤解されるのではないかという心配でした。

しかし、三十年近く「いい介護」を目指し、学習療法を導入して人材育成にも取り組んできたことや、十数年間実施してきた脳の健康教室などの地域事業が、どのように地域の方々に受け止められているかを確かめてみたいという気持ちのほうが強くありました。

その意味で、二十年ぶり二回目となる国の調査事業への参加は楽しみでもありました。

地域事業を成功させるには、住民と直接話をすることが大切

調査事業は二〇一五年の夏頃から始まりました。

まず大川市役所が運営している三又《みつまた》地区のコミュニティセンターと、この地区の状況や調査事業の計画について話し合いました。そして、市役所の方々と私達、永寿会とで脳の健康教室の説明をするために地域の集まりの場に出向くことにしました。

公民館でSIB調査事業の説明をする山崎園長（奥）

私達のような介護施設が地域事業を始める際に一番大切なことは、まず自分達が地域に出向くことだと思います。そして、地域の方々に直接お会いして、何のための事業なのかを説明して回ることから始めることです。

よく他の行政でも団体でも、例えば脳の健康教室のような地域事業をする際に、「なかなか参加者が集まらない」とか、「ボランティアをしてくれる人がいない」といった悩みをお聞きします。

もちろん広報誌やチラシなどでの告知も必要なんですが、やはり地域事業を成功させるためには、まず自分自身が地域に出向いて、地域の人と直接お話をする以外にいい方法はないのではない

かと感じます。

この三又地区では、もともと地域のお年寄りの方々が集まる「ゆうゆう会」という介護予防事業の活動が行われており、その会合の中で一時間ほど時間をいただきました。今回の調査事業が国の調査で大川市も研究に参加することや、永寿会による脳の健康教室の十数年間の実績について説明した上で、事業への参加案内を行ったのです。

このとき説明を聞いてくれたのは、地域の民生委員や区長さん、老人会や公民館の関係者などの役員さん達で、

「脳が良くなるんて、ほんとかな?」

「ほんとにボケんようになるんかな?」

といった声も会場からは聞かれました。しかし、役員さんの中には高齢期に差し掛かる人もいて、脳の健康教室の話に興味を持って前向きに聞いてくれました。

その後、私は三又地区を対象に、十二か所で脳の健康教室とＳＩＢ調査事業について説明して回りました。

ボランティア養成では、研修で楽しんで自信を持ってもらうことが大事

果たして、どのくらいの元気なお年寄りの方々に参加していただけるのか……不安ではありましたが、

結果として、元気な年寄りの方々が総勢百名も集まり、各地区の公民館や永寿会のグループホームいこいの家など、七会場に分かれて教室を実施することになりました。

併せて、ボランティアである教室サポーターの体制も整えました。教室サポーターは脳の健康教室の中で、学習者の支援や連絡係、さらには教室運営などを担っていただくボランティアです。実は、私は学習者の募集をした際、同時に役員さんなどに、「まだまだお若いから、学習者というより教室サポーターをしてくれませんか」と個別に何人かの方にお声掛けをしていました。

「えっ、私に教室サポーターなんかできるんやろうか、難しいんじゃないの?」

最初はそんな声もありましたが、サポーター研修に参加されると、とても楽しい雰囲気で、採点の仕方や学習者とのコミュニケーションの仕方などの研修にも前向きに取り組んでくれました。

こういったボランティアの養成についても、いろんな地域事業をする場合には課題となりがちですが、ボランティアの方にもその活動の目的を理解してもらって、研修の際には、楽しんで、自信をつけていただくことで、意欲的になってもらえると思います。

その後、調査のためのMMSEなど、脳の健康教室の前後に行う認知機能の検査測定については、既に経験があって、検査ができる永寿会の学習療法スタッフで実施しました。

学習前の検査の後、その点数を参考にして、各教室の責任者と受講者の皆さんと個々の話し合いで教材を決め、いよいよ六か月間の学習がスタートです。

「これからも続けて欲しい」と、お年寄りからお願いされる脳の健康教室

各会場とも、永寿会の学習療法の経験のあるリーダークラスのスタッフ達に責任者を、永寿会のOB・OG職員などに教室サポーターのリーダーを務めてもらい、ボランティアによる教室サポーターの皆さんとチームを組んで教室運営にあたってもらいました。

また、教室運営をマニュアル化し、教室責任者の判断基準を示すことで、極力、七つの会場ごとに運営の差が出ないように工夫しました。

期間中、学習者の皆さんはとても前向きで、

「ほんとにこれをやったら、ボケんで済むんじゃないのかな?」

「これも自分の未来のためだから、頑張らんと!」

などの言葉が絶えず、どの会場もとても明るく、楽しい雰囲気で行われました。中には、ご主人が学習者になって、奥様が教室サポーターになっていただいたご夫婦もいて、

「最近、夫が優しくなって、嬉しいです」

学習中の様子。教室サポーター(左)の支援のもと、楽しみながらも真剣に学習をしている2人の高齢者

と奥様が言われていました(笑)。
脳の健康教室が七会場で始まってから三か月後には、受講者のほとんどの方々が一堂に会する交流会を三又公民館で開催しました。交流会の目的は、
一．受講者同士で夢を語り合う
二．自己変化の確認をする
三．仲間を作る
の三つでした。
当日は、教室の壁を越えて、言わば、がらがらポンで混ぜこぜで参加者には座ってもらいました。これがとても好評で、会場は違っても同じように三か月間も学習をしているという仲間意識や共通の話題があるためか、ものすごく盛り上がっていました。

交流会の様子。どのテーブルも随分と盛り上がった

参加者の方々からは、「楽しいね、この教室。半年で終わらないで、続けて欲しいですね」「日常の楽しみが増えたんです」などの明るい意見もたくさん聞かれました。私は皆さんの様子を見て、先に挙げた三つの目的は果たせたと思いました。

脳の健康教室では、途中で辞める人が少ない

三か月、四か月と進むと、各教室でも少しずつ受講者同士のコミュニケーションが進み、教室の中に仲間意識ができていく様子も見られました。

毎回、教室が始まって、各自その日の教室での学習時間が終わると、懇談コーナーがある教室では、二人、三人と自然に話の輪が広がっていき、毎回、受講者同士で盛り上がる時間ができることもありました。

こうした受講者同士の交流が進みやすい点も、脳の健康教室の大きな利点ではないかと思います。脳の健康教室は、他のいろいろな教室に比べて途中で辞めてしまう人がとても少ないと言われるのも、こうした特徴があるからでしょう。

さらに教室が進むにつれて、教室サポーターと学習者の皆さんが一緒になって、一つのチームのような雰囲気ができました。中には、皆さんで力を合わせて会場の後片付けをする教室や、受付を学習者の方が手伝うような教室も出てきました。また、欠席した方を心配して声掛けをするなど、気を遣い合う姿も見られました。

最初はお互い知らない人同士も多かったはずですが、学習療法を通じて培った「役割探し」と「役割作り」や教室の中での助け合いを通じて、仲間同士の絆が教室の中でどんどん強くなっていったのだと

最終日に行われた修了式では参加者お一人おひとりの名前が読み上げられ、修了証が手渡された

思います。

教室が始まって六か月後、最後の教室日には大川市役所の方々もお招きして、受講者の皆様、教室サポーターの皆さんで修了式を行いました。

修了式に参加いただいた学習者の数は、なんと九十五名！途中で参加されなくなったお年寄りは、わずか五人（全体の五％）でした。こういった介護予防に関する地域事業の教室において、六か月間で五％の人しかリタイヤしない教室など、めったにないと思います。

この「継続率・修了率の高さ」と、「教室サポーターが学習者お一人おひとりと深く結び付き、お年寄りのことを深く知るからこその個別対応」は、地域で行われている他の介護予防の教室では、なかなか見られない強みであると感じます。

修了証をもらって嬉しそうな笑顔が見られる中、もうこれで教室が終わってしまうことへの残念さや淋《さび》しさを訴える方もいました。こうした声を聞いて、本当に学習者の方々にとって意味ある教室だったと、こちらも嬉しくなりました。

高齢化が進む地域で、何ができるかを考え続ける

ＳＩＢ調査事業で大川市役所と協力するようになってから、永寿会は、二〇一五年、二〇一六年、二〇一七年、そして二〇一八年と市役所からの委託を受けて、脳の健康教室を開講しています。そして併せて、認知症予防や介護予防に関する話し合いの場を市役所と持ち続けています。その中で大きな課題として捉えられているのが、

「十年後、二十年後にはもっともっと高齢化していく地域で今後、誰が(どこが)どのように、元気なお年寄りのニーズに応《こた》え、認知症の予防や介護予防につなげていくのか」

ということです。

本章の冒頭で、私達の最終目標は「地域の信頼を得ること」だとお伝えしました。ですから私達自身、介護施設としてその大きな課題に対して何ができるか、そして、地元をより「いい地域」にするためにはどうしたらいいのかをもっと考え、もっと活動していくことが必要だと感じています。

おわりに

この本は、道海永寿会《どうかいえいじゅかい》の山崎律美《やまさきりつみ》園長と、私達、学習療法センターとの共同作業により誕生したものですが、私達は構想の段階から、山崎園長、そして永寿園《えいじゅえん》のチャレンジによって学習療法が完成し、全国に広がっていったプロセスをありのままにお伝えしようと思っていました。そうすることで永寿園と同じように「いい介護をしたい」「いい施設にしたい」と努力しておられる施設にとって励みや学びになり、今後介護の仕事を志す学生さんや社会人の方々にとっても、まだ認知症というものに触れたことのない方々にとってもわかりやすく、少しでも役に立てていただける本になるのではないかと考えたからです。

そのためには、山崎園長ご自身に文章にしてもらう必要がありましたが、山崎園長は、なかなかそれを「いいですよ」とは言われませんでした。

「私も永寿園も、まだまだなんですよ。『いい介護いい施設』なんて、とてもじゃないけど言えないんです。だから、こんなすごいテーマの本を私には書けません」

山崎園長はそう頑《かたく》なに仰《おっしゃ》いました。「いい介護」なんて、そんなに簡単に実現できるものではないし、もし本当にそう思ってしまったら、もう進化は止まってしまう。そんな思いをお持ちですから、山崎園長には、「いい介護いい施設」をテーマとするこの本の出版には、相当のためらいがあったと感じています。それでも何度も何度も話し合いをしまして、この本のタイトルが『いい介護いい施設を目指して』というものになると、作業は少しずつ進み始めました。

しかしそれでもなお、作業が順調に進んだとは決して言えませんでした。私達には伝えたいことがありすぎました。共同研究のこと、大きく変化した高齢者のこと、前向きになったスタッフのこと、地域支援のこと……私達は迷い道に入ってしまったようでした。本当にこの内容で読者が喜んでくれるのだろうか。そんな自問自答《じもんじとう》を繰り返す日々でした。

そんなとき、背中を押してくれたのは山崎園長でした。

あるとき本の構成について迷いに迷って、私達は山崎園長にこんなことをお尋ねしたことがありました。

「私達が感じて学んできたことを世の中の人に伝えたいという思いは、間違っていないでしょうか」

このとき、山崎園長はしばらく空を見ながらじっと考えられた後で、静かにこう仰《おっしゃ》いました。

「この永寿園にもし学習療法がなかったら、一体どうなっていただろうか。間違いなく、今の永寿園はなかっただろうと思います。だから、あなた達が感じたことを世間に伝えることに意味があると、私は思います」

山崎園長のこの言葉は、私達の勇気となりました。

こうして、この本が人の役に立つことには賛同をいただいていましたが、あるとき、ふと「自分が丸裸にされるような気がします」と心配そうにつぶやかれていたことは強く印象に残っています。

本文の中でも少し触れていますが、山崎園長は決してご自分のされてきたこと、価値や実績をご自分の功績だと思われません。むしろ自分などは大したことがない、というスタンスで常にお話をされます。本文でも、自分達は「まだまだ目指す状態の半分も達していない」と仰っていたかと思います。ですから、その山崎園長にこれまでの歩みを文章にしてもらうことは、ご自身にとって大変なことであったと推察します。

ところが、永寿園の主任で、この本の中のインタビュー記事に出ておられる中島《なかしま》宏子《ひろこ》さんが打ち合わせで同じように「確かにインタビューでお答えした通りなんですが、こんなにも個人情報が丸裸にされるのは不安で恥ずかしい気がします」と言われたとき、山崎園長はこうお話をされ、中嶋さんを励ましておられました。

「中島さん、私もその気持ちはわかりますよ。でもあなたがこれまでずっと二十年続けてきたこと、少しずつ変化、成長してきた事実は決してものすごい特殊な事例ではありませんから、きっとこの本を読む人の参考になりますね」

学習療法を日常のケアやお年寄りの生活に活かそうと日頃から努力しておられるからこそ、ご本人はご自身の素晴らしさ、すごさに気づきにくいのだと思います。

このような気持ちの中、また大変にお忙しい中、この本の作成にご尽力いただいた山崎園長には学習療法センター一同、心からの敬意と感謝を申し上げます。そして永寿会や関係する全ての方々にも心から感謝しております。

この本をきっかけに、今後、福祉、介護での取り組みに多くの皆様が関心を寄せ、自分の問題として考えていただければ幸いです。

公文教育研究会　学習療法センター

学習療法センターのメンバー（2018年9月撮影）

〈著者〉

山崎律美（やまさき・りつみ）

1948年、福岡県大川市生まれ。淑徳大学社会福祉学部卒業。厚生労働省社会局国立福岡視力障害センター生活指導員専門職、佐賀県福祉生活部身体障害者施設生活指導員、児童施設・児童指導員、福祉事務所ケースワーカーを経て、1992年、社会福祉法人道海永寿会・特別養護老人ホーム永寿園に入職。2003年、西九州大学大学院健康福祉学修士課程修了。現在、社会福祉法人道海永寿会総所長と特別養護老人ホーム永寿園園長を兼務している。

学習療法センター

2001年に、東北大学・川島隆太教授をリーダーとする研究チームと社会福祉法人道海永寿会、KUMONが国のプロジェクトとして行った「脳機能の共同研究」から学習療法が誕生し、学習療法システムとして確立された。国の助成を受けて確立された学習療法システムを本格的に世に広めるために、KUMONは2004年、「くもん学習療法センター」を設立。現在では、全国の約1400の高齢者介護施設に学習療法を導入し、アメリカにも導入施設を広げている。また同時に事業化した認知症予防、地域作りを目指した「脳の健康教室」は現在、全国230を超える自治体で470会場が開講されている。近年では超高齢社会の中、在宅における学習療法の可能性や認知症への正しい理解と対応を目指した「学習療法パートナー研修会」や「認知症セミナー」も全国で展開している。

学習療法実践の記録

いい介護いい施設を目指して

2018年12月25日　第1版第1刷発行

著　者　山崎律美
　　　　学習療法センター
発行人　志村直人
発行所　株式会社くもん出版
　　　　〒108-8617
　　　　東京都港区高輪4-10-18　京急第1ビル13F
　　　　電話　代　表　03(6836)0301
　　　　　　　編集部　03(6836)0317
　　　　　　　営業部　03(6836)0305
　　　　ホームページ　http://kumonshuppan.com/

印刷・製本　三美印刷株式会社

ISBN978-4-7743-2717-4
CD34220